미래의 부자인 _____ 님을 위해

이 책을 드립니다.

개념부터 차트분석까지
암호화폐 실전투자
바이블

개 념 부 터　차 트 분 석 까 지

암호화폐 실전투자
바이블

초판 1쇄 발행 | 2018년 2월 2일
초판 3쇄 발행 | 2021년 5월 6일

지은이 | 박대호
펴낸이 | 박영욱
펴낸곳 | (주)북오션

편　집 | 권기우
마케팅 | 최석진
디자인 | 서정희·민영선
SNS마케팅 | 박현빈·박가빈

주　소 | 서울시 마포구 월드컵로 14길 62
이메일 | bookocean@naver.com
네이버포스트 | post.naver.com/bookocean
전　화 | 편집문의: 02-325-9172　　영업문의: 02-322-6709
팩　스 | 02-3143-3964

출판신고번호 | 제2007-000197호

ISBN 978-89-6799-355-9 (03320)

개 념 부 터 차 트 분 석 까 지

암호화폐 실전투자
바이블

박대호(크맨) 지음

BitCoin

북오션

    가상화폐 열풍이 대한민국을 집어삼키고 시간이 많이 흘렀습니다. 그 사이 유행은 계속해서 바뀌고 있습니다. 처음 이 책을 출간할 때는 주식시장과 유사하지만 주식시장과 다른 부분을 소개하는 책이 없었고 블로그 이웃 분들의 손실회복을 돕다보니 가상화폐 시장의 흐름을 이해하는 책에 대한 출간을 결심했습니다. 저도 처음에는 '묻지 마' 투자자 중 하나였습니다. 하지만 이러한 투자 자세로는 수익을 내더라도 왜 수익이 났는지 모르기 때문에 오래가지 못할 것이란 생각에 직접 공부하고 연구해나갔습니다. 그 결과 투자방법을 일반화하여 생각지도 못한 수익을 거둬들일 수 있었고, 지인들과 이웃 블로거들에게도 자신 있게 도움을 줄 수 있었습니다. 어떤 책을 보든 누구에게 배우든 투자는 결국 본인의 성향으로 하게 됩니다. 책의 내용은 매매를 위한 시장의 특성, 기본적인 트레이딩 방법, 용어 등 입문자를 위해 최대한 쉽게 쓰려 노력했습니다. 중장기투자, 스캘핑 등 초단기 트레이딩, 데이트레이딩 등 자신만의 투자 방법을 만들기 위한 기초라 염두하여 책을 읽고 암호화폐의 다양한 투자방법을 익히고 자신만의 투자 스타일을 만들어나가 기대한 만큼의 수익을 거두기를 기원합니다.

앞으로 특금법, 가상화폐 세금, 투자자들에 대한 인식 등 가상화폐 분야는 넘어야 할 산들이 많습니다. 빠르게 돌아가는 회전문 사이로 잘 진입하셔서 수익이 나는 출구로 졸업하시길 바랍니다. 이를 위해 기본적인 지식, 시장 트렌드를 읽을 수 있는 세련됨, 수익실현을 위한 나만의 기준, 위험을 대비하는 출구전략이 필요합니다. 원고를 작성하며 위의 요소들을 고려하였습니다. 책을 읽은 후 나만의 기준에 대해 생각해보시길 바랍니다. 끝으로 제 원고의 가치를 알아봐주시고 출간을 추진해주신 박영욱 북오션 대표님께 감사드립니다. 또한 가족들, 출간을 요청해주신 블로그 분들, 가스공사 블록체인 기획 멤버들께 감사의 인사를 전합니다.

박대호(a.k.a. Creativeman)

차 례

프롤로그

1장 암호화폐란 무엇인가?

암호화폐 완전정복 ①

2장 암호화폐 어떻게 거래할까?

3장 암호화폐 차트로 분석하기

4장 암호화폐 거래전략

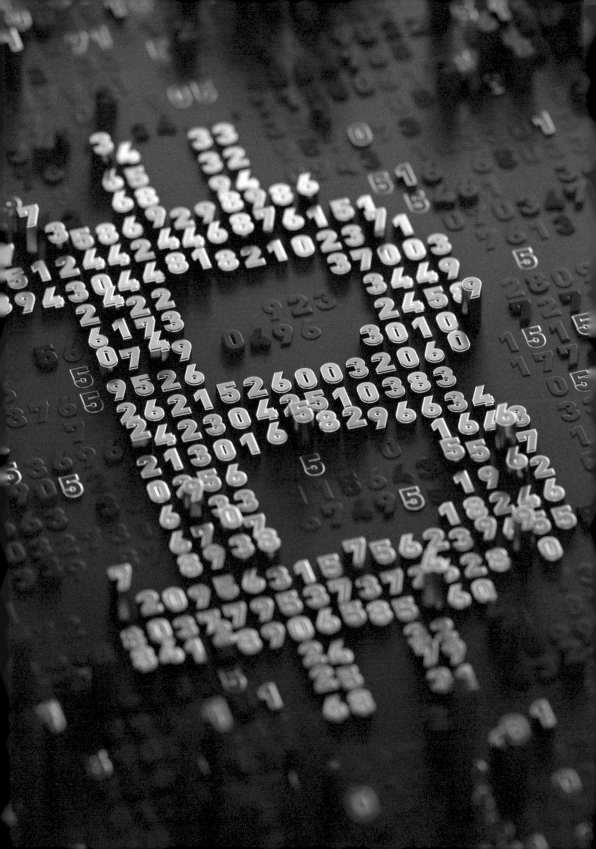

암호화폐란 무엇인가?

암호화폐는 어떻게 탄생하고, 종류는 얼마나 될까?

그리고 왜 유독 단기투자에 집중하는 사람들이 많을까?

암호화폐 투자에 본격적으로 들어가기 앞서

실전투자에 꼭 필요한 필수 이론을 정리해본다.

01

암호화폐, 블록체인이란?
우리는 미래에서 왔습니다

블록체인
- 4차산업혁명의 핵심 기반기술로 공공거래장부를 뜻함
- 단순한 화폐가 아니라 플랫폼 그 자체
- 분산원장, 타임스탬프는 블록체인의 핵심키워드
- 다양한 활용성으로 금융, 보안, 물류 등 여러 분야에 적용 가능

암호화폐
- 블록체인 기술을 기반으로 하는 디지털 화폐
- 암호화폐는 블록체인 기술의 일부
- 비트코인, 이더리움 등 약 1,300종 화폐가 거래됨
- ICO, 테스트넷, 메인넷을 거쳐 블록체인화됨
- 개발자, 채굴자, 투자자가 암호화폐에 관여함

암호화폐는 무수하게 많은 매스컴에서의 언급과 높은 등락률로 사람들에게 알려져 있다. 암호화폐와 관련해서 사람들이 많이 헷갈리기 쉬운 것이 있다. 단적인 예로 블록체인은 암호화폐만을 뜻하는 것이 아니라는 사실이다. 인터넷이 단순히 게임 기능만 갖춘 것이 아니라 SNS, 전자상거래, 교육, 회계 등 여러 분야에서 활용할 수 있는 플랫폼의 역할을 하듯 블록체인은 물류, 데이터처리, 보험, 보안, 금융 등 각 분야에서 활용할 수 있는 플랫폼이다.

암호화폐 기술은 2008년 나가모토 사토시라는 익명의 개발자가 비트코인 논문을 인터넷에 올리면서 시작되었다. 이후 이더리움(ETH), 리플(XRP), 라이트코인(LTC)과 같은 알트코인들(비트코인을 제외한 나머지 코인)이 생겨나고, 암호화폐를 거래하는 거래소가 생겨 현재에 이르게 되었다.

블록체인의 가장 큰 특징은 분산원장, 타임스탬프를 들 수 있다. 블록체인은 중앙서버 없이 데이터를 처리하는 특징이 있다. 이를 분산원장이라 한다. 기존에는 중앙서버에서 모든 데이터를 처리하던 것과 달리 탈중앙화 시스템이다. 타임스탬프는 시간에 따라 데이터를 기록하며, 그 데이터는 구성원 모두가 공유한다. 이것은 수정을 해도 기록이 남아 위·변조가 불가능하다.

암호화폐는 생성 초기 ICO(Initial Coin Offering)를 거쳐 테스트넷에서 블록체인 구동 시험을 한 다음 메인넷에 올라온 뒤 진정한 암호화폐로 발돋움한다. ICO는 새로운 암호화폐를 개발하는 데 투자한 이들에게 암호화폐를 분배하는 것으로 크라우드 펀딩과 유사하다. 펀딩에는 주로 비트코인, 이더리움 등 시가총액이 높은 코인들이 쓰인다.

암호화폐시장은 크게 개발자, 채굴자, 투자자로 나눌 수 있다. 채굴자는 컴퓨터의 인터넷망을 이용하여 어려운 수학문제를 풀며 블록체인을 생성·유지

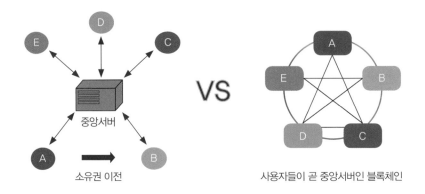

블록체인. 기존 시스템(왼쪽)과 블록체인(오른쪽)의 비교

하는 데 기여한다. 그에 따른 보상으로 채굴한 암호화폐를 받는다. 채굴자는 채굴할 때마다 어려운 암호문제를 풀어 새로운 블록을 만들어내며 이론적으로는 해킹을 예방한다.

암호화폐의 가격은 개발자, 채굴자 사이의 의견 대립으로 등락하기도 한다. 때문에 투자자들은 투자하는 코인의 기술적인 세부사항까지는 모르더라도 어떤 기술적인 호재가 있는지, 채굴과의 관계는 어떤지 여부를 알아두는 것이 좋다.

암호화폐

암호화폐는 비트코인(BTC), 이더리움(ETH), 넴(XEM), 퀀텀(QTUM) 등 플랫폼 기반 화폐부터 모네로(XMR), 대시(DASH), 제트캐시(ZEC), 버지(XVG) 등 익명성 기반 코인 등 각기 코인별 용도와 목적이 다르다. 암호화폐는 각자

용도, 구현원리, 채굴방식, 발행량 등을 포함한 '백서'를 공식 홈페이지에서 확인할 수 있다.

비트코인(Bitcoin, BTC)

2008년 익명의 개발자 나가모토 사토시에 의해 구현된 최초의 암호화폐이다. 해외 거래소에서는 비트코인을 기축통화로 하여 알트코인들이 거래된다. 발행량이 2,100만 개로 정해져 있으며, 발행될수록 알고리즘의 난이도가 올라간다.

이더리움(Ethereum, ETH)

2014년 비탈릭 부테린이 개발한 암호화폐이다. 가장 큰 특징은 스마트컨트랙트(특정 조건에서만 계약이 이행되는 신기술)를 가능하게 하고, 이더리움을 기반으로 하는 탈중앙화 어플리케이션을 적용할 수 있다는 점이다.

이더리움클래식(Ethereum Classic, ETC)

2016년 이더리움이 해킹당했다. 해킹당한 부분을 수정하기 위해 하드포크 업그레이드를 했는데, 이때 해킹당한 부분을 수정하지 않은 원본 코인이 이더리움클래식이다.

리플(Ripple Coin, XRP)

2009년 리플랩스에서 개발된 암호화폐이다. 1,000억 개의 코인이 모두 발행되어 있다. 낮은 수수료와 빠른 송금의 특성을 바탕으로 금융권에 특화되어 있다.

라이트코인(Lite Coin, LTC)

2011년 비트코인 개발자였던 찰리 리가 개발한 암호화폐이다. 라이트코인은 비트코인과 기술적으로 유사한데 발행량이 8,400만 개로 비트코인보다 네 배 많고 채굴이 용이하다.

비트코인캐시(Bitcoin Cash, BCH)

2017년 비트코인의 코어개발자 진영과 채굴자 진영(우지한)의 의견 차이로 비트코인에서 갈라져나온 암호화폐다. 우지한은 비트코인 최대 채굴회사 비트메인의 대표다. 비트코인캐시 이후 비트코인골드, 비트코인다이아몬드 등 비트코인에서 여러 암호화폐들이 갈라져 나오게 되었다.

이오스(EOS, EOS)

이오스는 2017년 댄 라리머가 이더리움의 높은 수수료와 느린처리속도를 해결하기 위한 대안으로 개발되었고 위임지분증명방식(DPOS)을 사용한다.

분야별 알트코인

분야	알트코인명	분야	알트코인명
C#플랫폼	스트라티스(STRAT)	VR	복셀, 디센트라
거래 플랫폼	카이버	거래소 수수료 헷지	바이넌스
게임, 게임도박	겜크, 퍼블, 김리, 스킨	결제	메탈
공연, 팃케팅 코인	어벤투스, 블록틱스	광고	애드엑스, 애드토큰
노동력시장	크로노뱅크	달러	테더
대마초 관련	팟, 헴프, 마루아나	데이터	덴트
물질	해커골드, 지알	백과사전	루나
보험	인슈렉스	부동산	리얼, 프로피
분산거래소	싸이벡스, 이더델타	블록체인 모듈링	아도르
사물인터넷	아이오타	사채	위트러스트, 솔트
소셜네트워크	스팀, 아카샤, 레드	양자컴퓨터 헷지	바이트볼
연료	가스	예술가	아트바이트
예측시장	어우거, 보스, 노시스, 스톡스	은행권, 카드결제	리플, 텐엑스, 모나코
음악	보이스, 뮤지코인	익명	대시, 코모도, 점블러, 쉐도우
인공지능 투자	뉴머레이어	인맥연결	매치풀
인증, kyc	씨빅	자산관리 알고리즘	신디케이트, 리알토
저가 휴대폰제공	휴매닉	저장소	스토르제이, 제나로
주식발행	nxt	주차	파크바이트
중간 연결코인	아크, 아톰	진화 플랫폼	스프레드, 레이블록
카지노	브리슬라이스, 펀페어, 다오카지노	컴퓨팅 파워	소늠, RLC, 골름, 그리드코인
코인 자산운용	멜론포트, 아이코노미	코인전송어플	스테이터스, 에버렉스, 뱅코
코인활용도	코인대쉬, 비트퀸스	텔레마케팅	엔크립토텔
특정국가 전환	마더쉽	프라비잇 블록체인 연동	아이콘
플랫폼	테조즈, 보스, 라이트, 비트, 이더		

02

어떻게 투자해야 수익이 극대화될까
돈을 잃고 가치투자 한다고 합리화 하는 것은
투자가 아니라 '투기'이다.

수익을 극대화 하기 위한 맞춤옷 찾기
- 투자란 이익을 얻어야 투자이다.
- 돈을 잃고 합리화하는 것은 투자가 아니라 '투기'이다.
- 투자를 위한 4요소, 시장, 차트, 멘탈, 내 상황
- 나에게 맞는 투자스타일을 만들자.

투자의 사전적 정의는 1. 이익을 얻기 위하여 어떤 일이나 사업에 자본을 대거나 시간이나 정성을 쏟음. 2. 이익을 얻기 위하여 주권, 채권 따위를 구입하는데 자금을 돌리는 일이라고 정의되어 있다. 결국 투자는 '수익'을 내야 한다. 암호화폐도 마찬가지다. 하지만 그동안 대부분의 암호화폐 투자자는

어떠했는가. 상투잡히고 어쩔 줄 모르다가 택한 일명 '존버방'에서 4차산업시대에 미리 투자했다고 자위했다. 그리고 듣고 싶은 말만 듣는다. '어짜피 우상향', '내년이면 O달러 간다' 등등 각종 현혹되는 말에 '그래 이정도면 괜찮지않나?'라고 생각하며 홀딩 한 코인들이 많은 손실을 낸 투자자가 많다. 물론 시간이 많이 흐르고 정말 많은 가격상승이 일어나서 '결국 존버는 승리한다'라고 말할 날도 오겠지만, 오랜 시간동안 잠못자고 마음 졸이며 보낸 시간에 대한 보상이 최고점매도보다는 본전치기 혹은 작은 수익일 가능성이 높다. 2018년 들어 1월부터 8월까지 긴 하락장에서도 두 배 이상 반등한 구간이 3번 있었는데 여기서도 제대로 고점에 매도 못한 투자자가 과연 높은 가격에서 제대로 매도할 수 있을 것이라 생각하기 어렵다. 그래서 우리는 투기가 아닌 투자를 해야 한다.

암호화폐 투자는 크게 4가지 요소로 나눌 수 있다. 1. 시장, 2. 차트, 3. 멘탈, 4. 내 상황 으로 나눌 수 있다. 이 네 가지 요소를 적절히 활용하고 제어하는 투자자는 내부 기밀정보를 모르거나 자주 매매를 안 하더라도 수익을 극대화 시킬 수 있다.

그럼 이 네 요소를 어떻게 투자에 녹여내야할까? 먼저 암호화폐 투자 속 시장이다. 시장상황은 세계 경제 이슈 뿐 아니라 암호화폐에 투자를 많이하거나 영향을 주는 국가(한국,중국,일본)간의 관계, 원천기술인 블록체인의 기술 및 시장동향까지 꿰뚫고 있어야 하기 때문에 개인 투자자가 여러 요소를 종합하여 깊은 통찰력으로 바라보기는 어렵다. 대신 이러한 큰 흐름은 신문기사, 또는 유명 트레이더 들의 글을 통해 파악할 수 있다. 두 번째는 차트이다. 차트를 맹신할 수 없지만 좋은 투자도구임에는 분명하다. 차트를 믿지 않는 투자자들은 차트가 다 맞지 않는다고 생각하기 때문이다. 하지만 차트는 '예측'의 수단이 아닌 순간순간에 대한 '대응'의 수단이다. 가격 흐름은 오르고 내리고를 반복한다. 그렇지만 모든 파동을 예측하는 것은 '무당'의 영역이다. 나를 포함한 차트투자자들은 현재 가격의 다음 흐름에 가장 적합한 포지션에 '배팅'한다. 차트에 대한 내용은 3장에서 다루며, 더 자세한 실전예시는 나의 두 번째 책 '가상화폐 실전매매 차트기술'에서 만나볼 수 있다. 세 번째는 멘탈이다. 평소 자신은 멘탈이 강하다고 여기는 투자자도 암호화폐 트레이딩을 하러오면 안절부절 하는 광경을 쉽게 목격할 수 있다. 나의 개인과외 수강생 중에는 이름은 밝힐 수 없지만 엄청난 자산가들도 있었다. 이러한 자산가들은 돈 몇천만원 쯤은 우습게 느껴질 것이라 생각했었지만 전혀 아니었다. 그 수강생들도 몇십만원, 몇백만원에 울고 웃으며 멘탈이 하늘과 지하를 오르락 내리락한다. 나는 이를 통해 귀납적으로 자산이 많다고해서 멘탈이 강하지는 않다는 결론을 얻었다. 멘탈을 어떻게 강하게 할 수 있을까? 나 역시 처음에는 몇십만원에 감정선이 맥박처럼 오르락내리락했다. 이로 인해 몸에 문제가 있을 것이라 생각하고 있었는데 2017년 8월말 하루의 사건으로 모든 것이 해결되었다. 당시 리플코인 단타로 짧은시간에 엄청난 수익을 냈었는데 그 때문에 잠을 못자서 결국 응급실에 갔었다. 하지만 바이탈체크를 하니 전혀 이상이 없었고 그동안 나는 지레 겁먹고 가슴이 두근두근하다고 생각했다고 깨닫게 되었다. 원효대사의 해골물을 떠올랐다. 그 사건 이후 나는 몇백만원, 몇천만원이 오가더라도 아무렇지 않게 매매를 할 수 있게 되었다. 일반 투자자들은 어떻게 해야 멘탈을 강하게 할 수 있을까? 이에 대해 나는 올해 초 출간이후 여러방면에서 연구 중에 있다. 연구가 끝나기 전까지 지금상황에서 투자멘탈을 유지하기위한 나의 최선의 대답은 '적은 금액부터 기계적인 소액 매매 연습' 그리고 '휴식'에 있다. 마치 군인이나 경찰처럼 계속된 훈련과 매뉴얼 학습으로 기계적으로 매매를 할 수 있는 연습이 멘탈을 그나마 강하게 만들어 준다고 생각한다. 또한 잘 매매가 안될 때 계속해서 매매를 하며 멘탈을 나가도록 하는 것이 아니라 적절한 휴식을 통해 다음매매를 다시 안전한 게 할 수 있도록 투자컨디션을 유지해야 안정적인 투자가 가능해진다. 큰 돈을 잃고 나면 멘탈이 강해지는 투자자도 봤지만, 오히려 멘탈이 무너져서 투자를 포기하는 경우도 많이 봤다. 따라서 투자심리학 개념이 완전히 자리잡지 않은 지금상황에서 제일 좋은 것은 '반복된 연습' 과 '휴식'뿐이다. 마지막으로 내 상황이다. 투자자들은 전업트레이더부터 회사원, 사업가, 자영업자, 전문직, 주부, 학생 등 다양하게 있다. 내 상황에 맞게 투자스타일을 만들어야 주어진 조건 속에서 최대의 성과를 낼 수 있다. 위의 투자 4요소를 염두하며 나만의 투자스타일을 기획해보길 바란다.

투자스타일 기획
- 시장흐름에 뒤처지지 않기 위해 어떻게 하시겠습니까? :
- 당신의 상황에 맞는 차트확인 및 매매는 하루에 몇 회입니까? :　　　회/일
- 당신의 투자멘탈을 유지하기 위해 어떻게 휴식겠습니까?:
- 나의 투자스타일 : 나는 하루에 (　)회 차트를 통해 매매를 시도할 것이고, 시장흐름을 따라가기 위해 (　　　　)을 하며, 투자멘탈을 유지하기 위해 (　　　　)하며 휴식하겠습니다.

03

암호화폐 VS 실물화폐
정부는 우릴 싫어해

암호화폐와 실물화폐

	암호화폐	실물화폐
기능	화폐	
형태	인터넷상 데이터로 존재	실물화폐
발행	해당 코인의 알고리즘에 의한 채굴	중앙정부에 의한 발행
가격변동성	크다	작다
역사	2008년 비트코인	1097년 고려시대 해동통보

암호화폐를 실물화폐와 비교할 때 가장 큰 차이는 실체가 없다는 점이다. 암호화폐는 디지털 자산으로 인터넷에 존재한다. 언뜻 게임사의 사이버머니

와 비슷해 보인다. 하지만 비트코인을 포함한 암호화폐들은 개발자가 초기에 정한 알고리즘을 통해 채굴자가 채굴해야 발행된다.

업그레이드를 통해 암호화폐 발행 알고리즘이 바뀌기도 한다. 비트코인은 2,100만 개로 발행량이 정해져 있어 디플레이션 화폐로 인식하여 금과 같은 안전자산으로 인식하는 이들도 늘고 있다. POS방식으로 채굴되는 퀀텀 (QTUM) 같은 암호화폐들은 소지만 하고 있어도 이자를 주는 방식으로 채굴된다.

암호화폐를 사용하는 인구는 늘고 있지만, 아직은 가격변동성이 너무 크기 때문에 암호화폐는 '화폐'의 가치를 얻지 못하고 있다. 또한 세계 각국의 중앙정부는 암호화폐가 통용될 경우 세금문제부터, 금리·통화정책에 혼란을 초래할 수 있어 암호화폐를 선뜻 받아들이기 어려운 입장이다. 1996년, 미국 기업 E-GOLD는 금을 예치하면 액면가만큼 사이버머니인 E-GOLD를 지급하여 탈중앙화 정책에서 벗어나려고 했다. 하지만 미국 정부가 사이버머니 E-GOLD를 폐쇄하여 무위에 그쳤다. 암호화폐는 중앙서버가 없어 정부가 직접 거래소를 통제하지 않는 한 아예 없애는 것은 어렵다. 암호화폐의 사용이 늘어나는 만큼 세계 각국의 정부는 효과적으로 암호화폐를 대응하는 방책을 마련하는 데 고심할 수밖에 없다.

E-GOLD

E-GOLD는 블록체인 기술 기반 화폐는 아니었지만 화폐의 역할에 대해 다시 생각해보게 해주었다.

04

암호화폐 VS 주식
비슷하지만 다른 암호화폐

암호화폐와 주식의 비교

	암호화폐	주식
역사	2008년 비트코인	1896년 조선은행 (1602년 동인도은행)
거래방법	거래소에서의 매매	
법 및 제도	법으로 정의되지 않음 (2017년 기준)	·관련법에 의한 보호 ·서킷브레이커 등 투자자 위한 보호조치
가격변동성	크다. 상한가, 하한가가 없다.	상한가, 하한가 존재
거래시간	24시간	평일 09:00~15:30
가치투자	백서	재무제표
수익화	바로 인출 가능	영업일 D+2일 인출
사이클	굉장히 짧다	길다

암호화폐와 주식 어떻게 다를까

일반적 차이점: 24시간 거래가 끊이지 않는다

암호화폐는 주식과 비슷한 점도 있지만, 다른 점이 많다. 해당 거래소에서 차트를 이용하고 매매하는 점은 비슷하지만, 정부의 인정을 받지 못했기 때문에(2021년 기준) 암호화폐는 법의 테두리 밖에 있다. 또한 높은 등락폭으로 높은 수익을 낼 수 있지만, 반대로 원금이 반 토막 이상 떨어져나가는 손실을 입을 수도 있다.

암호화폐는 화폐 기능을 하기 때문에 전 세계에서 24시간 거래된다. 한국 시간 새벽에 암호화폐 등락폭이 커지게 되면 밤에 잠을 못 자는 투자자들이 늘어나게 된다. 주식의 가치투자자들이 재무제표와 관련 뉴스를 찾는 반면 암호화폐의 가치투자자들은 해당 코인의 백서와 개발·마케팅 일정을 통해 뉴스를 찾는다. 이러한 정보는 대부분 공식 홈페이지에서 확인할 수 있다.

암호화폐는 매매를 통해 곧바로 각국 거래소의 기축통화로 수익화할 수 있지만, 주식은 소요시간이 길게 걸린다.

실전 매매 차이점: 주식에서 보던 지표를 바꿔야 한다

먼저 국내 주식차트에서는 양봉(처음 가격보다 올랐을 때 차트에 표현하는 막대)은 빨간색, 음봉(처음 가격보다 내렸을 때 차트에 표현하는 막대)은 초록색이지만, 암호화폐 차트에서는 양봉은 초록색, 음봉은 빨강색으로 표현한다. 거래소별로 국내 주식시장과 같은 형태로 양봉을 빨강색으로 표현하는 경우도 늘었는데 지표설정에서 바꿀 수 있다.

실전 투자에서 암호화폐투자와 주식투자의 가장 큰 차이점은 가격변동 사이클이다. 암호화폐 차트의 사이클은 주식에 비해 굉장히 짧다. 짧은 사이클로 큰 등락을 보이기에 국내에는 단타를 하는 투자자들이 많다.

주식에서 많이 쓰는 보조지표들은 중장기 추세를 확인하는 지표가 많이 쓰이는 데 반해 암호화폐차트에서는 단기·중기·장기투자자 모두 단기매매에 유리한 지표를 활용한다. 그래야 수익률이 더 좋기 때문이다.(이러한 내용은 3장에서 자세하게 다룬다.)

주식에서 많이 쓰이는 이론 중에 '엘리엇 파동이론'이 있다. 하지만 암호화폐시장은 이 이론을 적용하기도 전에 한 사이클이 지나갈 정도로 흐름이 빠르다. 따라서 파동이론 적용 시 다양한 고려가 필요하다. 또한 주식시장은 마감이 있지만, 암호화폐는 24시간 거래된다. 때문에 코인의 호재 요인이 해외에서 발생하면 국내 시차를 고려해서 거래해야 한다.

제도적인 보장이 아직 안 되어있다

유빗 거래소(야피존) 해킹 및 파산사태, 코인레일 해킹 등 암호화폐는 항상 해킹의 위협에 노출되어 있다. 주식과 다르게 이러한 돌발상황에서 암호화폐 투자자는 제도적으로 자산을 보장받기 힘들다. 따라서 투자자들은 이 점을 염두하며 투자 시 항상 주의해야 한다. 규모가 작은 거래소의 경우 큰 수익을 얻을 수도 있지만 그에 따른 리스크가 따름을 잊지말자.

05

코린이를 탈출하기 위한 꿀팁
이것만은 숙지하고 투자하세요

스마트한 거래를 위해 알아두어야 할 것
- 인터넷에 모든 것이 다 있다
- 손절의 범위를 정하자
- 장기투자자는 지갑에 넣어두자
- 보안은 스스로 챙기자
- 현금을 항상 보유하자
- 지나친 수익 욕심을 내려놓자
- 거래 코인의 종류는 감당할 수 있는 범위에서 정하자

인터넷에 모든 것이 다 있다

인터넷이 기반인 암호화폐는 인터넷에서 많은 정보를 습득할 수 있다. 따

라서 검색 실력에 따라 신속하게 정보를 얻고 매매할 수 있다. 정보수집에 대해서는 2, 3장에서 깊이 있게 설명한다.

손절의 범위를 정하자

손절의 범위를 정하고 투자하는 것은 굉장히 중요하다. 주식과는 다르게 암호화폐 거래는 상한선, 하한선이 없다. 하루 상승률이 주식의 상한가인 30%를 넘어서는 코인들이 셀 수 없이 많을 때도 있다. 나는 단기간에 무려 3,700% 상승하는 경우도 보았다. 다만 가파른 상승률 못지않게 반 토막이 날 수 있을 만큼 리스크가 존재한다. 따라서 항상 매수할 때마다 얼마나 수익을 낼 수 있는지 혹은 손절을 하면 어느 가격대에서 손절을 할지 염두에 두어야 한다. 이러한 준비가 없으면 단톡방에 "지금이라도 손절할까요?"라고 물어보게 될 것이다.

장기투자자는 지갑에 넣어두자

거래소 해킹사건은 자주 일어나지 않지만, 거래소를 이용한다는 것은 리스크를 안고 투자하는 것과 같다. 암호화폐 거래를 시작하는 이들이 가장 민감하게 여기는 것 중 하나는 '해킹'일 것이다.

해킹에 대비하기 위한 최선의 방법은 개인 지갑에 암호화폐를 보관하는 것이다. 앱스토어, 플레이스토어에 있는 전자지갑 어플을 통해 암호화폐를 안전하게 보관할 수 있다. 특정 암호화폐들을 위한 전용 지갑도 있다. 개인 지갑어플에 암호화폐를 보관하면 핸드폰을 분실하지 않는 한 그리고 개인 해킹을 당하지 않는 한 안전하게 암호화폐를 보관할 수 있다. 해킹을 막는 가장 확실한 방법은 본인의 암호화폐 주소를 종이에 적어서 보관하는 것이다.

암호화폐 거래소가 해킹당하면 거래 중인 자신의 코인 또한 해킹될 수 있지만, 개인전자지갑은 핸드폰이 해킹당하지 않는 한 잃어버릴 일이 없다. 3개월 이상 장기투자 하는 투자자는 꼭 지갑에 넣어두기를 추천한다. 수백억 원 이상을 장기투자 하는 투자자들 중에는 아예 지갑주소를 프린트하여 금고에 넣어두는 이들도 있다.

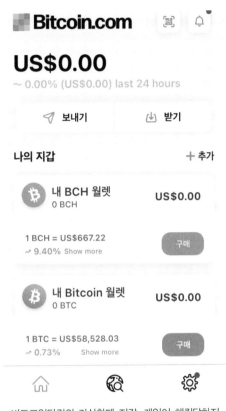

비트코인닷컴의 가상화폐 지갑, 개인이 해킹당하지 않는 한 안전하게 가상화폐를 보관 가능하다

보안은 스스로 지키자

거래소의 약관에는 해킹으로 인한 피해에 대해 책임지지 않는다는 내용이 들어가 있기도 하다. OTP(One Time Password 일회용 비밀번호)는 귀찮더라도 설정해두는 것이 안전하다. OTP를 설정할 때 OTP앱을 잃어버리거나 못 열 경우를 대비해서 임시 키(Key)를 주는데, 이것은 꼭 보관해서 만약의 상황에 대비해야 한다.

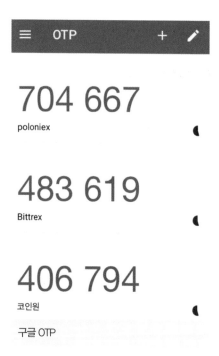

코인 거래에는 큰 변수가 있다. 바로 '거래소 다운'이다. 가격이 급등하거나 급락하면 수많은 투자자들이 동시에 매매를 해서 거래소가 다운되는 경우가 종종 생긴다. 실제로 2017년 5월 리플코인이 상장된 직후, 2017년 11월 비트코인캐시(BCH) 신고점 때 빗썸이 다운된 적이 있다. 2017년 5월, 300원 중반대였던 리플코인이 상장을 계기로 800원 이상까지 치솟자 거래량이 폭증하면서 빗썸의 서버가 다운되어 빗썸과 투자자 모두 제때 대응하지 못했다. 11월, 비트코인 캐시는 하드포크로 인한 기대감으로 신고점을 찍었으나 서버에 과부하가 걸리더니 오후 3시경 다운되어 투자자들이 매매에 어려움을 겪었다. 이와 같이 장이 과열될 경우에는 안정적으로 매도하는 것이 좋다. 서버가 다운되는 일은 2021년에도 마찬가지로 지속된다. 따라서 매매 장비의 성능은 최신을 유지하는 것이 좋다.

현금을 항상 보유하자

암호화폐를 거래하다 보면 많이 오를 것 같을 때에는 모든 자금을 동원하여 매수하는 일명 '풀매수'를 하기 마련이다. 하지만 예기치 않은 악재로 가격이 내리기도 하고, 특정 코인을 매수할 기회를 맞이하기도 한다. 이를 위해서는 현금 비중을 유지하는 것이 중요하다.

풀매수 이후 가격이 내리면 투자자는 후회하게 된다. 하지만 현금 비중을 유지하는 투자자는 매수 시점에 '물타기'를 하여 반등이 오면 손해를 최소화해서 매도할 수 있다. 여러 코인들이 돌아가며 가격이 오르는 상승장에서도 현금 비중은 중요하다. 특정 코인에 올인 할 경우 다음 차례의 코인의 매수시기를 놓칠 수 있기 때문이다.

나는 특정 코인이 다른 코인의 가격을 내리면서 상승할 정도의 매수 기회를 포착하지 않는 이상 거래 총액의 20%는 현금을 유지한다. 일부 현금화를 통해 리스크를 줄이는 것은 안전한 거래의 밑바탕이다.

지나친 수익 욕심을 내려놓자

주식에서는 "돈을 인출하기 전까지는 내 돈이 아니다"라는 말이 있다. 코인시장에서도 마찬가지다. 아무리 플러스 수익률을 기록하고 있더라도, 코인을 매도하고 원화로 인출을 해야 나의 진정한 수익이 된다. 투자자들이 매매에서 실수하는 것 중 하나는 수익이 나도 시드머니(Seed money: 투자금액)를 늘려서 더 큰 이득을 얻으려다 매매시점을 놓치거나 손실을 입는 것이다.

보통 이러한 투자자들은 손실을 입게 되면 미련 때문에 현금화를 하지 못한다. '1억 원만 찍고 인출해야지', '여기서 조금만 더 오르면 수익이 100만 원 되니까 그때 팔아야지'라는 생각 때문에 매도해야 하는 타이밍을 놓치고 만다. 자신만의 특정 수익구간, 손익분기점을 목표로 거래하지 말고, 차트상 목표가격에 집중해야 안정적인 매도가 가능하다.

거래 코인의 종류는 감당할 수 있는 범위에서 정하자

스캘핑투자자(단기투자자)부터 파종투자자(장기투자자)까지 거래하는 코인의 개수는 모두 다르다. 단기간 여러 파동에서 거래하는 스캘핑투자자는 1~2가지 코인으로 거래해야 빠르게 대응할 수 있다. 데이트레이더는 3~4가지 코인으로도 하루의 매매 타이밍마다 매매가 가능하다. 스윙투자자나 파종투자자는 여러 가지 코인을 매수하고 목표가가 오면 사고파는 방식으로 매매를 할 수 있어 보다 많은 코인으로 거래가 가능하다.

그렇다면 스캘핑투자자가 네 종류 코인으로 매매한다면 수익을 낼 수 있을까? 짧은 순간에 등락이 큰 코인의 특성상 매매 타이밍을 잡기 어려울 것이다. 스윙투자자가 20종이 넘는 알트코인을 매수하면 어떨까? 하락 사이클이 올 경우 일일이 시장가로 손절하여 손해가 더 커질 것이다. 이와 같은 상황을 겪지 않으려면 거래 주기에 따라 거래 코인의 종류를 너무 많지 않게 정하여 투자하는 것이 좋다. 이렇게 하면 익절 또는 손절 시 좋은 타이밍에 가지고 있는 코인들을 매도할 수 있다.

분할매수, 분할매도 하자

현금 보유보다 더 중요한 것은 분할매수, 분할매도 하는 것이다. 스캘핑투자자부터 파종투자자까지 모두 중요한데, 차트를 자주 못 보는 투자자일수록 분할매매를 습관화해야 한다. 저점이라고 한 번에 매수해버리면 가격이 내릴 때 심리적 타격을 받고, 또한 고점이라고 한 번에 매도하면 가격이 오를 때

커다란 심리적 타격을 받을 수 있다. 3장에 나오는 지지선, 저항선, 추세선을 고려하여 분할로 매수하고, 분할로 매도하는 습관을 지나는 것이 안전한 투자에 도움이 된다.

06

왜 단타인가?
안전하고 고수익이니까

단기매매가 좋은 점
- 고수익
- 입문시점에 의한 유불리 감소
- 바로 수익화(출금) 가능

주식은 장기투자가 기본이지만, 상승과 하락의 주기가 짧은 코인 판에서는 이야기가 달라진다. 사이클이 빠르기에 상승파동에서 매매만 잘하면 장기투자보다 훨씬 높은 수익을 얻을 수 있다. 단순 장기투자라 하더라도 입문시기에 따라 결과가 극명하게 나뉜다. 하락장일 때 진입한 신규 초보투자자는 엄청난 수익을 얻을 수 있지만, 대세 상승장일 때 입문한 신규 초보투자자는 자신의 자산이 곧바로 반 토막이 나는 상황에 처하게 된다.

단기투자자는 과매도 시기에 진입하면 수익을 바로 낼 수 있고, 출금도 가능하다. 장기투자자는 보통 수개월 동안 투자한 코인을 지켜보게 된다. 등락이 큰 암호화폐시장에서는 가격이 높게 올랐다가 내려가더라도 매매를 하지 않고 지켜봐야 한다.

나도 일부 유망하다고 여기는 암호화폐는 장기투자를 하고 있지만, 예측이 불가능하고 변동폭이 큰 암호화폐시장의 특성을 감안해서 확실한 거래를 통해 수익을 극대화했다. 각자 몸에 맞는 옷이 있기 마련이다. 단기매매가 어렵다고 여겨지면 스윙이나 장기투자를 혼합하여 자신에게 맞는 투자법을 찾자.

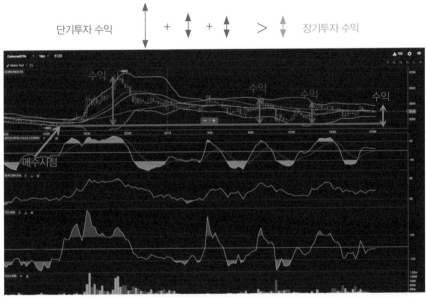

단타가 주는 수익률 차이. 모든 상승파동을 매매할 수 없어도 적어도 한밤중에 불안해서 잠을 깨는 일은 줄어들 것이다.

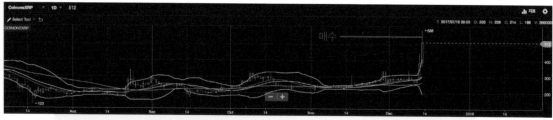

'묻지 마' 장기투자자는 입문시기에 따라 희비가 엇갈린다.

출금 하루 목표치를 정하고 수익화하는 것은
암호화폐 투자의 가장 큰 즐거움이다.

07

투자 주의사항
실물 자산을 잃을 준비가 안되있다면

리스크
- 큰 등락폭
- 입출금제한
- 해킹
- 국가규제

건강
- 24시간 장의 피로함
- 큰 등락으로 심리적 스트레스

　암호화폐 투자자 대부분은 큰 상승폭을 보여주는 점에 매료되어 입문한다. 하지만 몇 가지 투자자들이 염두에 두어야 할 점이 있다.

　먼저 암호화폐의 제한 없는 등락폭은 엄청난 고수익을 안겨주는 기쁨을 선사하는 동시에 원금이 사라지는 정도의 큰 손실을 당할 수도 있음을 인지해야 한다. 등락폭이 큰 장에서 감정이 마비되면 제때 매매를 못 한다. 이익구간을 눈으로 확인했으면서 손절하는 경우도 발생할 수 있다.

자주는 아니지만, 해킹에 대해서도 주의해야 한다. 블록체인은 이론적으로 해킹이 불가능하다. 하지만 거래소가 해킹되면 그 거래소의 암호화폐들도 해킹당할 수 있다. 거래소는 대부분 해킹사태에 대한 규정에 보수적이어서 투자자가 해킹당할 경우 손실을 책임져야 한다. 때문에 OTP인증(2중 보안인증)이 꼭 필요하다.

추가적으로 공공장소에서 공개 와이파이에 접속해 거래하는 것 또한 주의하자. 특히 하락폭이 크거나 해킹사건이 발생하면 많은 이들이 현금, 암호화폐를 인출하게 되는데 이때 시스템상의 이유로 거래소의 입출금이 일시적으로 막힐 수 있다.

암호화폐는 블록체인 기반 '탈중앙화' 화폐로 모든 국가는 암호화폐를 반기지 않는다. 언제 어떠한 방식으로 규제가 발생할지 모르니 규제사항도 염두에 둘 필요가 있다. 규제가 예상되는 타이밍에 현금화하는 것도 좋은 대응이 될 수 있다.

암호화폐는 건강을 해치기 쉽다. 암호화폐 입문자들은 대부분 밤잠을 설친다. 나도 역시 한 달 동안 새벽에 깬 적이 많다. 현금 포지션이 떨어지지 않을까 혹은 오르지 않을까 궁금해서 깨고, 매수 포지션이 혹시 내릴까봐 걱정되어 제대로 잠을 잘 수 없었다. 암호화폐투자는 건강을 해치고 본업과 생활리듬을 너무나도 쉽게 깨뜨릴 수 있다.

하락으로 인한 스트레스도 만만찮다. 암호화폐를 투자하다가 건강을 잃은 독자라면 먼저 투자에서 물러나 몸을 추스를 것을 권유한다. 건강을 잃으면 모든 것을 잃게 된다. 이 책을 읽는 독자들은 건강한 정신과 몸으로 투자하기를 기원한다.

투자의 사전적 정의는 수익을 내기 위함이다. 사전적정의가 바뀐 것일까?

자기합리화와 확증편향을 주의하자

나를 합리화 시키는 말들이 암호화폐 시장에서 큰 손실을 만들 수 있다. 지금쯤이면 저점이니까, 어짜피 오르지 않을까?, 나 말고도 대부분 손해가 크니까..., 지금 정도면 적당히 했다는 말들은 나를 안심시키는 마약이다. 하지만 당신의 잔고는 계속해서 줄어들고, 수익을 내려했던 투자에서 기술공부만 하고 자산은 트레이딩 고수에게 헌납하는 '기부자'가 될 수 있음을 잊지말자. 확증편향은 자신에게 유리한 정보만 선택적으로 받아들이는 것을 말한다. 대부분의 '존버방'이라 불리는 고점에 매수 후 손실이 큰 투자자들의 단체모임방에서 확증편향이 나타난다. 이러한 방의 특징은 연말 또는 먼 미래의 가격이 많이 오를 것이라고 하거나, 자신들이 투자하는 코인의 기술에 대한 맹목적인 믿음을 가진다. 물론 실제로 기술력이 좋은 암호화폐도 있고 먼 미래에 가격이 오를수도 있다. 하지만 그 과정에서 굳이 경제적으로 내면적으로 상처를 입지 않으려면 확증편향을 주의하며 투자해야한다.

용도별 알트코인 정리 및 암호화폐 관련 Q&A Best4

용도별 알트코인 정리

다음은 용도별 암호화폐 정리이다. 2018년 처음 책을 출판할 때 이후로 시간이 지나며 지난 시간동안 일부 사라진 암호화폐도 있고 당시보다 가격이 오히려 상승한 가상화폐들도 있다. 다양한 종류의 가상화폐가 있었다는 정도만 기억해두자.

골렘(GNT)

이더리움 플랫폼에 기초해 만들어진 골렘 네트워크에서 사용되는 암호화폐. 스마트 컨트랙트 적용.

그로스톨코인(GRS)

보안 익명 저전력 채굴, 세그윗(SegWit)을 활성화한 최초의 코인.

네오 코인(NEO)

중국의 이더리움, 스마트 자산 플랫폼(smart assets platform).

노시스 코인(Gnosis coin)

블록체인 기반의 탈중앙화된 예측 시장 플랫폼.

뉴이코노미무브먼트(NewEconomyMovement) 넴(XEM)

비트코인 블록체인 기술을 개량한 블록체인 자바 플랫폼.

대시 코인(Dash)

실시간급의 전송 기능, 완벽에 가깝게 보장받는 익명성, 익명성과 추적이 불가능한 분산 암호화 화폐.

디지바이트(DGB)

비트코인에서 포크 된 코인, 발전된 기능들을 제공. 강화된 보안과 15초의 블록생성 속도로 전송 속도가 빨라 쉽게 거래할 수 있음.

디지털노트 코인(Digitalnote coin-XDN)

전 세계 통화, 블록체인 예금(Block Chain Deposit).

라이트 코인(LTC)

비트코인이 금이라면, 자신들은 은이라고 표현하는 코인, 비트코인에 기초해 만들어진 암호화폐, 비트코인의 파생 화폐

리스크 코인(Lisk)

이더리움의 대체 암호화폐가 목표, 자바스크립트 블록체인 어플 개발.

리플 코인(Ripple coin–XRP)

기업용 송금네트워크 결제 플랫폼, 국제결제시스템망(SWIFT)을 대체할 새로운 대안, 은행 간 이체서비스에 집중.

메탈(MTL)

전 세계 어디에서나 주고받을 수 있고 지불 가능한 디지털 통화 플랫폼. 공정 거래 증명(PoPP)이라는 프로세스.

모네로(XMR)

익명성과 추적이 불가능한 분산 암호화 화폐. "secure, private, untraceable" 슬로건, 보안 집중 화폐.

비트코인(BTC)

중앙은행과 채굴 하드웨어 제조사들의 통제에서 벗어나기 위해 만들어진 코인. 채굴자들에게 쉬운 채굴과 공평한 기회를 제공.

베리코인(vericoin, VRC코인)

최초 듀얼 블록체인 프로토콜 기술을 적용.

복셀 코인(Voxels coin, VOX)

VR게임 플랫폼(Platform) 제공. 비트코인과 라이트코인을 기반으로 만들어진 코인.

비트베이 코인(Bitbay coin, BAY)

익명으로 매매 가능, 개인 간 시장 플랫폼, 2중예금에스크로 시스템.

스테이터스 네트워크 토큰(Status Network Token)

이더리움을 기반으로 하는 메시지 플랫폼. 위챗 같은 기능.

스텔라 루멘 코인(XML)

리플에서 나옴, 비영리 결제 네트워크 플랫폼. 스텔라 결제 네트워크에서 사용되는 암호화폐.

스토리지코인(STORJ)

암호공유형 클라우드 저장 플랫폼을 기반으로 한 코인, 남는 하드공간을 임대.

스트라티스(STRAT)

비트코인 블록체인 기반. C#이라는 언어를 기반. 기업을 위한 코인.

스팀(STEEM)

스팀잇이라는 블록체인 SNS 플랫폼 암호화폐.

스팀달러(SBD)

스팀잇에 콘텐츠를 올리거나 큐레이션 시 유저들에게 주어지는 보상의 단위.

시빅(Civic)

블록체인을 적용한 생체인식 신원 확인 플랫폼.

시스코인(SYS)

비트코인과 같은 저비용 트랜잭션, 비즈니스 거래를 위한 암호화폐.

시아코인(SC)

스토리지(클라우드 서비스)를 블록체인화한 코인.

신디케이트 코인(Syndicate coin, SYNX)

재고관리, 판매 및 비용 추적 지원하는 토털솔루션.

아더(ARDR)

Nxt 블록체인 진화 버전, 블록체인의 개발을 돕는 BAAS (blockchain-as-aservice) 플랫폼.

아인스타이늄 코인(EMC2)

과학, 학교, IT프로젝트를 지원하기 위한 연구 기금 펀딩 코인.

아크(ARK)

블록 처리시간 8초. 자바 기반의 플랫폼. 올인원 블록체인 솔루션 제공, 암호화폐 간 변환 기능.

애드엑스(AdEx)

블록체인을 기반으로 한 광고 플랫폼.

어거 코인(Augur coin, REP)

블록체인을 기반으로 한 예측 시장 플랫폼. 중앙기관의 개입 없이 집단 지성에 근거해 예측 시장을 공유.

에이다 코인(ADA coin, ADA)

모바일에 최적화된 암호화폐 플랫폼. 3세대 블록체인 암호화폐. 하스켈 프로그래밍 언어로 구축.

에이엠피(AMP)

시네로에서 쓰이는 화폐. 시네로는 콘텐츠를 개발할 수 있는 더 많은 플랫폼뿐만 아니라 콘텐츠 제작자, 유통채널업자 등의 커뮤니티.

엔엑스티 코인(NXT)

고유 자체 코드, 차세대 코인. VISA나 Mastercard 거래 접근 가능.

엘라스틱 코인(Elastic coin, XEL)

세계 최초의 분권형 슈퍼컴퓨터 개발을 목표.

엘비알와이크레딧 코인(LBC)

블록체인 기술을 적용한 콘텐츠 공유 플랫폼. 유튜브 확장판.

오미세고(OMG)

이더리움을 기반으로 한 금융 플랫폼. "Unbanked the Banked"라는 슬로건. 은행 서비스 대체서비스.

웨이브(Waves)

웨이브 플랫폼에서 사용되는 암호화폐. 웨이브 플랫폼은 거래 시스템과 크라우드펀딩을 블록체인화 목표.

윙스다오 코인(WINGS)

AI(인공지능)를 활용한 시장을 예측하는 플랫폼.

이더리움(ETH)

블록체인 기초 앱 개발을 지원하는 플랫폼. 여기서 사용되는 암호화폐.

이더리움클래식(ETC)

이더리움의 하드포크의 여파로 생성된 암호화폐.

지캐시(ZEC)

익명성과 추적이 불가능한 암호화 화폐, 비트코인이 http의 돈이고, 지캐시는 보안 전송 레이어.

코모도(KMD)

지캐시에서 포크된 코인, 지캐시의 익명성에 비트코인 수준의 보안을 제공.

코파운드잇 코인(CFI)

유망한 암호화폐를 발굴, ICO지원, 투자자를 연결하는 플랫폼.

퀀텀(QTUM)

비트코인과 이더리움 각각의 장점을 결합한 하이브리드 블록체인 플랫폼.

퀀텀 리지스턴트 렛저(Quantum Resistant Ledger)

양자컴퓨팅에 대한 보안체계를 갖춘 암호화폐.

파워렛저 코인(Power Ledger)

탈중앙화된 블록체인 기반 개인 간 에너지 거래 플랫폼. P2P 에너지 거래 시스템.

팩텀 코인(FCT)

블록체인 위조 불가 기록물 보관 플랫폼.

페이션토리(Patientory)

사이버 의료 시장이 성장하면서 의료 보안 솔루션 추구, 블록체인 기반으로 환자에 대한 데이터를 보호.

게임크레딧(GAME)

블록체인을 기반으로 한 게임 결제 플랫폼.

구피 코인(GUP)

Matchpool(매치풀)코인.

도지코인(Doge)

"joke currency"라고 장난처럼 시작한 코인. 시바견이 마스코트.

디센트럴랜드 코인(Decentraland coin, MANA)

이더리움 블록체인 기반 가상현실 플랫폼, 부동산 관련.

디직스다오(DigixDAO)

이더리움 플랫폼에 기초하는 DAO로, 분산원장기술로 금을 토큰화함. 금 거래.

디크레드(Decred)

비트코인과 유사. 공동체 입력, 개방통치, 지속 가능한 자금조달과 개발 중점 코인.

리피오크레딧네트워크(Ripio Credit Network)

순수 신용으로 돈을 빌려주는 곳, 대부업, 스마트컨트렉트와 블록체인 기반의 글로벌 신용 네트워크.

머큐리 코인(Mercury coin, MER)

비공개 블록체인 Jupiter와 공개 체인 Waves를 연결하는 코인.

메메틱 코인(Memetic coin, MEME)

하이브리드(Hybrid) 암호화폐.

메이드세이프코인

스토리지 부분(클라우드서비스)을 블록체인화한 코인.

모나코 코인(Monaco coin, MCO)

직불카드와 지급 결제 기능의 플랫폼, 암호화폐를 기반으로 한 체크카드와 앱을 제공하는 플랫폼.

바이버레이트(Viberate)

라이브 음악 생태계를 연결하는 플랫폼.

바이트볼(Byteball)

분산화된 데이터베이스로 바이트(BYTE)라는 암호화폐를 사용.

버스트코인(Burst)

분산 부족 문제, 에너지 낭비, 불공평한 분배, 빅마이너의 우위와 협업 등을 해결하기 위해 만들어진 암호화폐.

베이직 어텐션 토큰(Basic Attention Token, BAT)

디지털 광고용으로 설계된 공개 소스 분산형 암호화폐.

블록넷(blocknet)

P2P 프로토콜을 사용하여 다른 블록체인들 사이의 노드들을 서로 상호작용시켜 기능을 빠르게 처리할 수 있게 하는 플랫폼.

블록틱스 코인(Blocktix coin, TIX)

공연, 이벤트 호스팅을 위한 이더리움 기반 위조 방지 솔루션. 이벤트(행사, 공연) 티켓 분배, 티켓 전송 및 이벤트 프로모션 통합 플랫폼 화폐.

비아코인(VIA)

완전 분산형 교환, 새로운 화폐 발행. 자산 추적, 디지털 투표. 평판 관리, 완전 분산된 시장 구축.

비트빈(BITB)

블록의 확장성, 속도를 개선해 실제 거래의 활성화를 위해 만들어진 암호화폐.

솔트 코인(SALT)

암호화폐 전당포. 암호화폐를 담보로 실물화폐로 빌려주는 기관.

싱귤러디티비 코인(Singular DTV coin, SNGLS)

블록체인 기반의 독립 엔터테인먼트 방송국.

에드토큰(ADT)

광고 시장이 합법적이며 깨끗하게 운영될 수 있도록 지원하는 것을 목적임.

엣지리스(EDG)

온라인 합법화 카지노 사업을 추진. 카지노 승률 50:50으로 개발.

오케이캐시(OKcash, OK)

블랙코인에서 분할된 코인. 이자를 지급하는 암호화폐.

익스펜스 코인(Expanse coin, EXP)

탈중앙화된 자율조직체를 활용함으로서 진정한 분권화를 유지.

젠캐시(ZenCash)

커뮤니케이션, 트랜잭션 및 게시를 위한 세계 최초의 개인용, 분산형 및 안정적인 플랫폼.

텐엑스 페이 토큰(TenX Pay Token)

암호화폐를 기반으로 한 체크카드와 모바일 지갑을 제공하는 플랫폼.

트랜스퍼코인(TransferCoin)

추적할 수 없는 디지털 트랜스퍼 매체를 목표. P2P 디지털네트워크 솔루션. 송금과 거래에 특화된 코인, 송금 시간 60초 코인.

페더코인(Feathercoin, FTC)

깃털보다 빠른 전송 처리.

피벡스(PIVX)

안전한 거래와 개인 사생활의 완벽한 보호를 가능하게 하는 디지털 암호화폐.

비트코인 다이아몬드(Bitcoin Diamond)

비트코인 본연의 기능을 보존한 업그레이드 버전, 블록크기 8MB.

비트코인골드(Bitcoin gold)

탈ASIC를 가능, 탈중앙화(Decentralized)를 다시 실현, 반 우지한 코인.

비트코인캐시(BCH)

비트코인 블록체인에서 하드포크 되어 나온 암호화폐. 블록 크기 증대 지지자. 비트코인과 비트코인캐시는 별개의 블록체인으로 운영됨.

암호화폐 Q&A Best4

1. 단타 또는 암호화폐 거래가 저한테 맞을까요?

나도 처음에는 단타가 맞는 줄 몰랐다. 하지만 분명 '재능'은 아니었다. 처음에 리플을 고점에 매수하기도 했고, 손절을 하기도 했다. 어느 순간 차트를 공부하기 시작하며 코인판에 맞는 차트를 연구하다가 적합한 단기 투자방법을 찾게 되었다. 그리고 수강생들이 단타로 수익을 직접 낼 수 있게 만들면서 일반화할 수 있는 방법을 알게 되었다. 하지만 이 방법은 중장기 투자자에게도 똑같이 적용된다. 왜냐하면 장기투자자도 '단 한 번'은 사고팔기 때문이다.

매수·매도시점은 장기투자자에게도 중요한 일이다. 따라서 내가 제안하는 방법은 일주일간 투자자 본인이 생각하는 소액으로 마음껏 거래를 해보면서 자신이 단기투자에 맞는지, 중장기 투자에 맞는지 확인하면 된다.

'할 만하다'라고 생각이 드는 투자자라라면 투자금액을 점점 늘려가며 거래를 하면 되고, 단기거래가 힘들다 느껴지면 중장기 투자스타일로 거래한다. 암호화폐 투자를 하며 조심해야 하는 경우가 있다. 장기투자로 마음먹고 불안해서 단기매매를 시도하는 경우이다. 이러한 경우는 대개 투자하는 암호화폐에 대한 믿음이 부족해서 벌어지게 된다. 공식 사이트에서 백서와 로드맵을 정독하며 가치투자를 하되, 매도 타이밍은 상승, 하락 사이클이 지나고 6개월 정도 지난 후 큰 호재를 앞둔 시점으로 잡는다.

2. 장기투자를 하는 코인의 기준은 무엇인가요?

먼저 암호화폐의 특성을 고려한다. 해당 암호화폐만의 고유한 특성이 있는지, 향후 수요와 사용성이 예상되는지 확인한다. 그리고 발행량을 확인한다. 발행량이 한정되어 있는 경우, 디플레이션효과로 향후 가치가 오를 것을 기대할 수 있다.

대형거래소에 상장되어 있는지 확인한다. 외국 대형 거래소에만 상장되어 있으면 향후 국내에 상장될 것을 기대할 수도 있다. 그리고 창립자와 개발진을 확인한다. 창립자와 개발자들의 커리어를 확인하고 인터뷰도 확인한다. 이러한 과정을 거치고 나면 해당 암호화폐의 로드맵에 따라 매도시기를 정하고 장기투자 한다.

3. 투자 포트폴리오를 어떻게 구성하나요?

자주 볼 수 있는지 여부에 따라 정한다. 회사원의 경우 자주 못 보는 상황에 따라 당일 상승폭이 적었던 코인 위주로 긴 차트범위로 설정하여 거래한다. 여행이나 출장을 갈 경우 호재 일정을 알아보고 여행이나 출장에서 돌아오는 시점에 호재가 가까운 중기투자를 할 만한 코인들을 찾아서 매수한다.

컨디션에 따라서도 정할 수 있다. 매매할 때 의외로 잘 안 풀리는 등 컨디션이 좋지 않을 경우, 호재가 가까운 코인을 사고 홀딩하거나 현금비중을 높이고 쉬는 것도 방법이다. 거래를 쉬면 돈을 쉽게 한다는 생각은 금물이다.

매매는 이성적으로 할 수 있을 때 하자. 중장기 투자자의 포트폴리오는 단기·중기 투자자와는 다르게 구성한다.

고려해야 할 것은 먼저 안정성이다. 암호화폐 중 시가총액 규모가 큰 비트코인이나 이더리움 등을 위주로 투자할지, 시가총액 규모가 낮으면서 알려지지 않은 코인을 투자할지, 그중에서도 몇 가지 종류로 투자할지 고민해볼 필요가 있다.

조금이라도 더 안정적으로 투자하고 싶은 투자자는 당연히 비트코인이나 이더리움의 비중을 높이면 된다. 보다 공격적이면서도 6개월 이상 차트를 확인하지 않고 전자지갑에 넣어 투자할 수 있다면 시가총액 단위가 낮은 코인들을 여러 종류 매수해도 좋다. 대신 여러 코인을 투자할수록 가격이 내리는 하락장에서 가격을 확인한다면 손해율이 크기 때문에 정신적인 충격이 클 수 있다. 따라서 이러한 여러 가지 코인을 투자하는 파종투자자의 경우 아예 길게 보고 투자하거나 현금 비중을 유지하면서 하락장이 오면 추가로 매수하는 방법으로 포트폴리오를 구성해보자.

4. 존버(산 가격보다 내렸지만 계속 홀딩)할까요? 지금이라도 손절할까요?

블로그를 하며 제일 많이 받는 질문 중 하나다. 투자자는 매매를 시작하면서 언제 매도할지, 언제 손절할지, 어디를 목표가로 둘지를 기본적으로 염두에 두며 거래를 준비해야 한다.

만약 차트를 보지 못하다가 내린 상태라면 역지사지로 생각하여 지금이 오히려 매수타이밍이 아닌지 판단해본다.(매수타이밍에 대해서는 3장에서 자세히 설명하고 있다. 123쪽 〈매수시그널〉 참조.) 매수타이밍이 확인된다면 매도를 보류한다.

매수 또는 매도가 애매한 상황이라면 반등을 기다리고 손절하며, 확실한 호재가 예상된다면 존버한다. 차트를 자주 확인할 수 없는 투자자는 Stop-loss 거래를 활용하면 좋다. Stop-loss 거래는 특정 가격에 도달했을 때 매수하거나 매도하는 방법으로 손실을 줄이는 데 도움이 된다.

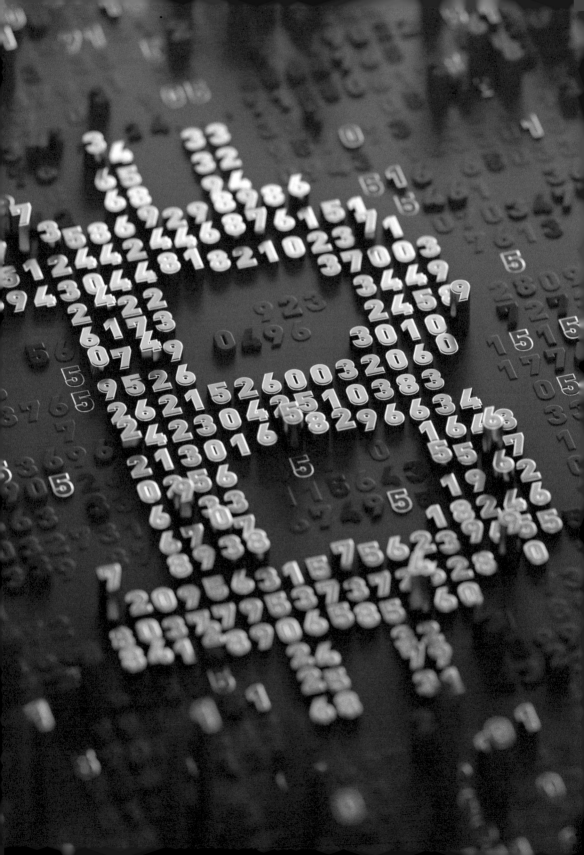

Chapter
02

암호화폐 어떻게 거래할까?

코인판에서는 투자자들끼리 주고받는 암호 같은 용어들,

국내외를 총망라한 거래소의 장단점,

호재와 악재를 담은 뉴스를 파악하고 대응하는 법 등

투자 기초의 내실을 다진다.

01

코인판용어, 채굴·블록체인 관련 용어
이것도 모르면 당신은 코린이

나는 암호화폐로 첫 투자를 시작했다. 처음 암호화폐 투자에 입문하면 커뮤니티나 단톡방에서 보게 되는 용어가 낯설다. 암호화폐 투자를 생각하고 있거나 입문한 지 얼마 되지 않는 독자를 위해 코인판 용어, 채굴·블록체인 관련 용어를 정리본다.

코인판 용어

물렸다

자기가 산 가격보다 내렸는데 못 팔았을 때 하는 말.

ex: "아, 이더 43에 물렸다."(이더리움을 43만 원에 샀는데 가격이 그 아래로 떨어졌다는 뜻)

사토시, 알트코인(알트)

비트코인의 개발자이자 비트코인을 0.00000001 단위로 쪼갰을 때 부르는 말. 알트코인들의 값어치를 부를 때 사토시의 단위를 쓴다. 알트코인이란 비트코인을 제외한 다른 코인들을 총칭하는 말이다. 폴로닉스(Poloniex)와 같은 해외 거래소는 비트코인이나 이더리움을 사야 알트코인을 살 수 있는데, 비트코인 단위를 쪼개서 부르다 보니 사토시라는 말이 나오게 되었다.

ex: "지금 넴 얼마야? 6600사토시네(0.000066 btc)."

평단

평균 단가. 얼마에 샀는지, 얼마에 팔았는지에 대한 평균가격을 의미한다.

ex: "리플 평단 얼마에 들갔어?" "나 303에 풀매수(올인매수) 했어."

추매

추격매수. 가격이 더 오를 걸 예상하고 뒤늦게 사는 것을 의미한다.

ex: "이더 어디까지 봄? 추매 들어가도 돼?"

물타기

본인이 산 가격보다 내릴 때 추가자금으로 구매해서 평단을 낮추는 것을 뜻한다.

ex: "이더리움 전저점 뚫리면 물타기 해야겠네요."

공매(마진거래)

주식에서는 기관만 마진거래(신용거래)가 가능한데 몇몇 암호화폐 거래소들은 개인도 마진거래가 가능하다. 공매수란 가격이 오를 것을 예상해 미리 돈을 당겨서(레버리지 최대 4배(코인원), 최대 100배(비트맥스) 기준) 구매하고 나중에 청산하는 거래방식이다. 공매도란 이와 반대로 가격이 내릴 것을 예상하여 미리 돈을 당겨서 (역시 레버리지 4배(코인원), 최대 100배(비트맥스)) 팔고 나중에 사는 거래방식이다. 이 거래들은 본인이 가진 자산보다 훨씬 크게 얻을 수 있는 장점이 있다. 하락장에서도 공매도 거래를 통해 돈을 벌 수 있어 매매 고수들은 차트가 오르나 내리나 수익을 얻을 수 있게 된다. 하지만 굉장히 위험하다. 공매수를 했는데 떨어져버릴 경우, 반대로 공매도를 했는데 오르게 될 경우 손실은 4~100 배가 되고, 무거운 수수료까지 감당해야 한다. 참고로 마진거래는 코인원은 중단되어 있으나 비트맥스 등 해외 거래소에서 마진거래가 가능하지만 우리나라에서는 거래에 대해 논란이 있었고 때문에 메이저 거래소들은 중단되어있다. (2021년 3월 기준)

마진콜, 증거금

위의 마진거래에서는 네 배로 당겨 쓰기에 손해도 네 배가 난다. 투자자는 마진거래에서 손해가 25%가 날 경우 원금만큼 손해를 감수해야 한다. 거래소는 그 이상 손해가 나면 투자자의 마진투자금을 강제청산해서 피해액을 보전하는데, 이를 마진콜이라 한다. 마진콜이 날 경우 예상했던 것보다 더 큰 손

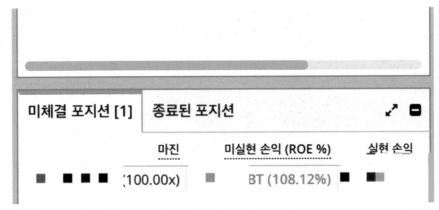

비트맥스의 마진거래 화면, 100.00x는 100배 레버리지를 의미한다. 108.12%의 수익이 났지만, 만약에 손해가 날 경우 원금이 사라질 수 있음을 주의해야한다.

해가 난다. 시장가로 청산하기 때문에 걸어놓은 호가창이 비면 이론상으로는 반 토막이 나야 하지만, 그 이상의 손실이 생기기도 한다. 증거금이란 마진 콜을 당하지 않기 위한 추가 금액을 말한다. 확신이 있으면 증거금을 넣고 버티는 것도 방법인데, 만약 그렇게 해도 마진콜이 날 경우 증거금도 반 토막이 난다.

볼밴

볼린저밴드의 약자. 후행성 차트 분석을 하는 지표이다.

골크(골든크로스), 데크(데드크로스)

골든크로스와 데드크로스는 추세가 바뀌는 것을 암시하는 시그널이다.

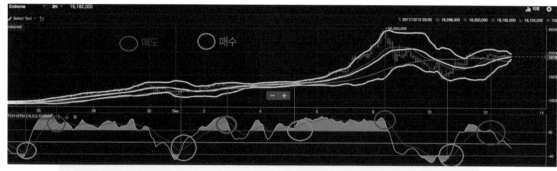

골든크로스 데드크로스 예시

단기 이동평균선(이평선이라 줄여 부름): 주황색 선

장기 이동평균선: 하늘색 선

단기 이동평균선(주황색 선)이 장기 이동평균선(하늘색 선) 위로 갈 경우 골든크로스, 하늘색 선이 위로 갈 경우 데드크로스. 주의해야 할 점이 있다. 단순히 골크, 데크로만 매수·매도 타이밍을 잡으면 수익률이 적다.

김프(김치프리미엄), 역프(역프리미엄), 재정거래, 자전거래

'김치프리미엄'의 준말로 해외 거래소의 시세보다 비싼 경우 "프리미엄이 붙었다"는 표현을 쓴다. 김프의 경우 40% 이상 붙은 적도 있다(2017년 6월). 역프는 반대로 해외 거래소보다 시세가 낮은 경우를 말한다.

프리미엄은 일종의 '기대심리'로 봐도 무방하다. 프리미엄에는 상승에 대한 기대와 과열이 섞여 있다. 프리미엄이 많이 생길 경우 장이 과열됐다고 판단할 수 있다. 반대로 역프리미엄은 암호화폐를 매수해도 득이 되지 않을 때 혹은 하락이 예상되거나 규제가 예상될 때 나타난다. 2017년 7월, 비트코인

하드포크로 비트코인캐시가 지급되던 때 국내 거래소들은 처음에 공식입장을 나타내지 않았다. 이와 다르게 해외 거래소는 비트코인을 소유하고 있으면 비트코인캐시를 지급한다고 공지했다. 이 영향으로 역프리미엄이 발생했다. 역프리미엄이 발생하면 상승폭이 해외 거래소보다 작은 경우가 많다. 당시 역프리미엄은 국내 거래소들의 비트코인캐시 지급 공지사항 발표로 일단락되었다. 재정거래는 이러한 시세차익을 노리고 해외에서 코인을 사서 다른 거래소에 팔아 차익을 남기는 것을 말한다. 자전거래란 나의 자산으로 호가창 전체를 움직이며 사고파는 것을 말한다. 암호화폐는 법적으로 제도화가 되어 있지 않지만, 주식에서는 불법으로 간주한다. 주식에서는 자전거래를 통해 거래량을 부풀리는데 사용한다. 암호화폐에서는 대표적으로 F코인 거래소가 자전거래를 통해 거래량을 부풀렸었다.

떡상, 떡락

많이 오르면 떡상, 많이 내리면 떡락이라 한다. 채팅에서는 각자의 기준이 다르기에 매 순간마다 떡상과 떡락이란 단어가 오간다.

존버, 우상향

비속어지만 의미 전달에 많이 쓰이는 용어이다. 'x나 버티기(버로우)'라는 뜻이다. 물린 상황에서 정신을 다잡기 위해 하는 말이다. 혹은 오를 때 더 오를 걸 기대하고 하는 말일 수도 있다. 우상향은 코인판이 아직 과도기이고 시간이 지나면 코인가격이 계속 오르기에 쓰이는 용어이다.

ex: "어차피 코인판 우상향이니까 존버한다~~"

리또속, 리도석, 중력코인 안전자산 리플

리또속은 "리플아, 또 속냐?"의 준말로 리플(XRP)코인이 오를 때가 되었다고 생각했는데(폴로리플 가격이 뛰는 경우나 호재가 있을 때) 안 오를 때 표현한다. 이와 비슷한 말로 리도석(북한식으로 부르는 표현), 중력코인(다시 내려간다)이 있다. 퀀텀(QTUM)코인이 못 오르고 내리는 경우에는 큐또속이라고 표현하는 등 '또속'이라는 용어로 활용한다. 안전자산 리플은 모든 코인의 가격이 우하향을 보이는 상황에서 가격방어를 잘할 때 얻는 표현이다.

EEA, ETF

Enterprise Ehereum Allience의 줄임말로 '이더리움을 후원하는 기업들'을 뜻한다. 2017년 5월, EEA 발표에서 삼성SDS와 도요타의 참여가 확인되자 14만 원에서 38만 원으로 올랐다. 반면 2017년 6월, 알리바바와 화웨이가 참여한다는 소문이 거짓으로 들어나고 비탈릭(이더리움 개발자)이 중국 컨퍼런스에 참석하지 않자 기대감이 빠지면서 폭등 후 폭락을 겪기도 했다. ETF(Exchange traded funds)는 상장지수 펀드이다. 주가지수에 따라 수익률이 결정된다. 한국의 코스피지수를 예로 들 수 있다. 비트코인이 ETF를 두 번 신청했는데 ETF에 상장되기도 전에 기대심리로 올랐다가 거절당하자 비트코인의 가격이 하락한 사례가 있다. 2018년 9월부터 2019년 1월까지 여러 단체가 신청한 ETF들이 심사를 앞두고 있다.

XRP

'리플코인'의 줄임말. 두 글자라서 앞에 X를 붙여 3글자로 표현했다.

지정가(maker), 시장가(taker)

지정가란 해당 가격에 도달하지 않을 때 미리 걸어두고 거래가 성사될 때의 가격을 의미한다. 시장가란 현재 거래가 진행되는 가격에 바로 사거나 팔 때의 가격을 의미한다. 거래소별 지정가, 시장가 수수료는 상이하므로 확인이 필요하다.

매수벽, 매도벽, 지지선, Cryptowatch

호가창에서 지정가로 걸어둔 매수량이 매수벽, 반대가 매도벽이다. 이것이 의미하는 바는 두 가지다. 매수벽이 받쳐준다는 것은 그 가격 이하로는 안 내린다는 기대심리가 포함되어 있다. 이런 특성 때문에 지지선이라고도 부른다. 하지만 거래량이 많은 투자자가 그 벽에 팔아버리면 가격이 하락할 수 있다. 매도벽은 이와 반대다. 상승세에서 매도벽이 가로막고 있을 때 매도 건 것을 치우거나 거래액이 많은 투자자가 사버리면 위로 치고 올라가게 되는데 이것을 추세거래법이라고도 한다. 매수벽은 투자할 때 주의해야 한다. 허매수벽을 세워 개미투자자들을 매수하게 한 후 본인이 팔아버릴 수도 있기 때문이다. 반대로 매도벽을 통해 매집을 하는 경우도 있다.

폴로닉스(Poloniex), 비트렉스(Bittrex), Bitfinex, Chbtc, Yunbi, Binance, Hitbtc

Poloniex, Bittrex는 미국거래소. Bitfinex는 비트코인이나 이더리움을 달러의 가치로 가격을 매기는 미국 거래소다. Chbtc와 Yunbi는 중국거래소, Binance는 홍콩거래소다.

세력, 따거형님, 버거형님

횡보기간 매집 후 한껏 가격을 끌어올려놓고 뒤늦게 개미들이 올라타면 재미를 보고 가는 대형 거래자들을 세력이라 한다. 따거형님은 중국세력을 친근하게 부르는 말이고, 버거형님은 미국세력을 친근하게 표현한 말이다.

스퀴즈, 횡보(박스권), 펌핑, 조정

스퀴즈란 차트의 변동폭이 좁게 움직이며 쥐어짜는 형상을 말한다. 횡보(박스권)란 가격 변동폭이 좁게 움직이는 것을 의미한다. 스퀴즈와 비슷한 의미지만, 스퀴즈가 폭이 좀 더 좁다. 펌핑이란 가격이 강하게 오르는 현상을 말한다. 조정이란 가격이 오르다가 잠시 다시 내려가는 것 혹은 가격이 내릴 때 잠시 다시 오르는 것을 말한다.

ICO

Initial Coin Offering의 약자로 신규 비상장 코인에 암호화폐로 투자하면 해당 신규 코인을 액면가로 받는 투자방식을 말한다. 모금을 하고 사기를 치는 경우도 있기 때문에 코인 백서를 읽어보고 신중하게 투자해야 한다.

IEO

거래소가 심사를 통해 토큰 판매

IDO(Initial Defi Offering or Initial DEX Offering)

디파이 플랫폼으로 토큰을 판매, ex) UMA, DXD

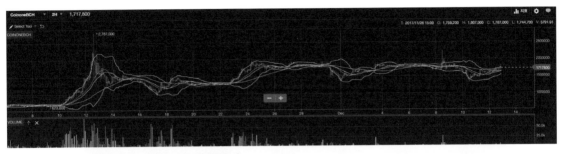

세력의 개입 세력에 의한 거래량 증가

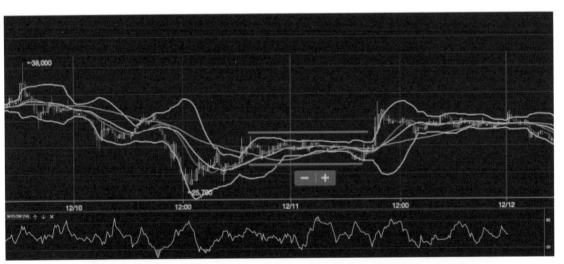

횡보 가격 변동폭이 작은 상태로 스퀴징 하고 있다. 같은 의미로 기준선(빨간색 선) 사이에서 횡보하고
있다.

IUO(Initial Uniswap Offering)

탈중앙화 거래소의 유니스왑으로 토큰 판매

바이낸스 런치패드

토큰이 출시되기 전에 스테이킹하여 토큰을 얻을 수 있음

하드포크, 소프트포크, 이더리움클래식(ETC)

하드포크란 블록체인을 업그레이드 해서 원본을 떼어내 독립시키는 것을 말한다.

소프트포크는 기존의 것에서 업그레이드 하는 것을 의미한다.

이더리움클래식(ETC)은 탄생한 배경이 있다. 과거 이더리움 해킹사태로 인해 이더리움이 하드포킹을 했고 이 과정에서 원래 코인을 유지시키는 논쟁이 발생하여 해킹을 당하기 전 암호화폐인 이더리움클래식이 탄생했다.

1분봉, 5분봉, 일봉

차트를 1분 단위로 보는 것을 1분봉 그래프라 하고, 일봉의 경우 하루(1D)를 기준으로 한다. 1분봉으로 거래를 하는 이들은 초단타 거래를 하는 투자자들이고, 일봉 단위로 거래하는 이들은 중장기형 투자자라 할 수 있다.

롱포지션, 숏포지션, 데이트레이딩, 스윙, 장투

거래방식에 따른 차이를 말하는 것을 롱포지션, 숏포지션이라 한다.

롱포지션: 매수, 공매수

숏포지션: 공매도

트레이딩 주기로는 데이트레이딩, 스윙, 장투가 있다.

스캘핑: 1일 수십 회 거래

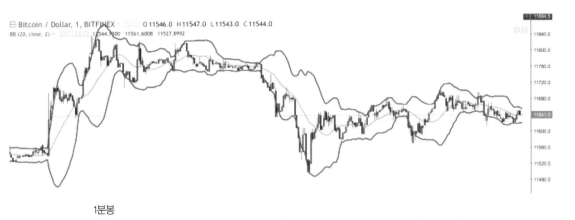

1분봉

1시간봉 같은 코인이라도 봉의 기준에 따라 차트가 다르게 보인다(비트코인, bitfinex 1h)

데이트레이딩: 1일 이내

스윙: 3~30일 정도

장투: 투자기간이 3~6개월인 투자자

패닉셀, 데드캣

가격이 내리는 것을 보고 추종하여 과매도를 유발하는 매도를 패닉셀이라 한다. 2017년 3월, 이더리움이 패닉셀을 겪으며 20,000원에서 7,000원까지 내려간 적이 있다. 데드캣은 패닉셀이 있는 와중에 공매도를 청산하거나 단기 반등을 노리고 매수하는 거래자에 의하여 단기 반등이 이루어지는 것을 말한다.

파종

여러 가지 알트코인들을 소수 단위로 많이 사서 투자하는 방식을 말한다. 주로 알트코인이 많은 해외 사이트에서 파종하기가 더 좋다.

OO교(이더교, 퀀텀교, 리플교 등등)

OO교는 OO코인을 신봉하는 투자자들을 말한다. 대표적으로 이더리움을 신봉하는 투자자들을 뜻하는 '이더교(이더리움교)'가 있다. 이더교라는 말은 "이더리움은 무조건 오른다", "이더리움은 적금이다", "이더리움은 사랑이다", "이더리움을 내리는 것은 믿음이 부족해서이다" 등이 있는데, 우리나라에서 이더리움을 많이 사랑해서 나온 말이다.

에어드랍

특정 코인을 보유 시 공짜로 다른 코인을 지급하는 이벤트를 말한다. 하드포크가 기술적 업그레이드에 의해 지급하는 것이라면 에어드랍은 이벤트성으로 지급하는 차이가 있다.

패닉셀과 반등. 2017년 9월 4일, 중국정부의 규제로 인해 이더리움의 패닉셀과 단기 반등이 9월 11일까지 이어졌다.

스냅샷

　에어드랍 또는 하드포크에 의해 코인을 지급받기 위해 거래소(또는 개인지갑)에서 해당 코인을 보유하고 있는 시점을 말한다. 예를 들어 비트코인 하드포크 이벤트로 비트코인블랙을 지급한다고 가정하자. 비트코인블랙의 스냅샷 시점을 12월 25일 오전 10시 30분으로 정했다면 12월 25일 오전 10시 30분에 비트코인을 들고 있으면 비트코인블랙을 지급받게 된다. 다만 이러한 스냅샷 이벤트는 거래소마다 다르기 때문에 각 거래소의 공지사항을 참조해야 한다.

가즈아

투자자가 코인을 매수했을 때 '가자~'라는 의미로 상승 시 말하는 추임새.
ex: "퀀텀 4만 원 가즈아!"

채굴·블록체인 관련 용어

디파이(DeFi)

Decentralized Finance의 약자로 가상화폐가 은행의 역할을 대신하여 중개자
없이 대출, 송금 등 금융서비스가 가능하도록 만든 가상화폐의 한 종류

NFT(Non-Fungible Token)

대체 불가능한 토큰 이라는 의미로 희소성을 가진 가상화폐를 의미한다.
오만원 짜리 지폐가 모두 같은 오만원의 가치를 지닌 것과 다르게 NFT는 각
각의 토큰이 모두 가치가 다르다.

DID(Decentralized Identifier)

탈중앙화 신원인증을 의미한다. 블록체인 기술을 통해 사용자가 각각 정보
에 대해 통제가능한 기술을 의미한다.

해시(Hash)

블록체인을 구성하는 데이터를 뜻한다.

해시파워(Hash power)

블록체인의 블록을 채굴하기 위한 암호 연산능력을 의미한다.

노드(Node)

암호화폐를 소프트웨어로 다운받거나 사용하는 사용자를 의미한다.

채굴(Mining)

암호화폐(또는 블록체인)를 얻기 위해 해당 암호화폐 고유의 수학연산문제를 풀어 그 보상으로 암호화폐를 얻는 행위

마이닝풀(Mining pool)

소규모 채굴업체들이 해시파워를 합쳐 채굴력을 높여서 코인을 합동 채굴하고 채굴력에 따라 분배하는 모임

컨센서스, POW(Proof Of Work), POS(Proof Of Stake)

컨센서스란 블록체인의 다수의 노드들이 서로 검증을 거쳐 올바른 블록을 생성하기 위한 알고리즘을 말한다. POS,POW는 블록체인 채굴 방식을 의미하며, POW는 블록을 생성하는 동안 가장 많이 해시파워를 제공한 노드가 블록을 생성하도록 하는 컨센서스알고리즘이다. BTC, BCH, LTC, DOGE 코인이 대표적이다.

POS는 지분증명으로 더 많은 암호화폐를 가지면 더 많이 암호화폐 장부에 기록할 권한이 늘어나며 마치 은행의 이자처럼 암호화폐가 늘어난다. NXT,

QTUM 코인이 대표적인 POS 컨센서스알고리즘을 적용한 코인이다. 예를 들어 퀀텀(QTUM)코인 은 POS방식의 코인으로, 퀀텀코인을 많이 들고 있으면 일정 분량만큼의 퀀 텀코인이 이자개념으로 지급된다.

DAPP(Decentralized Application)

분산화된 어플리케이션을 뜻한다. 예를 들어 Windows 같은 운영체제를 이더리움이라 하면 인터넷 익스플로러, 엑셀과 같은 프로그램들을 DAPP에 비유할 수 있다.

Smart Contract

특정 조건이 이행되어야만 계약이 진행되는 신기술로 이더리움(ETH)이 마이크로소프트와 공동 연구 중에 있다.

DPOS(Delegated Proof Of Stake)

블록체인의 또 다른 채굴 방식이다. 노드의 자격이 있는 이들이 투표를 통해 증인을 선출하고 블록생성 권한을 위임하여 블록을 생성한다. POS에 비해 빠르고 POW에 비해에너지 효율적인 장점이 있다. 약간의 중앙화와 높은 지분을 가진 참가자들의 담합 위험이 있다. 대표적으로 EOS, ARK, STEEM, BITSHARE 코인이 있다.

테스트넷(Test network), 메인넷(Main network)

암호화폐를 개발하는 방법은 크게 두가지가 있다. 기존 암호화폐(이더리움

등) 플랫폼에 기능을 더하여 만드는 방법(토큰)과 자신만의 생태계를 만들어 독립적으로 생태계를 구성하는 것이다. 이 때 독자적인 플랫폼을 구성하기 전 단계를 테스트넷이라 하고, 기존 플랫폼에 종속받지 않는 자체 생태계가 구성된 것을 메인넷이라고 한다.

02

투자포지션 정하기
나의 직업에 적합한 투자 사이클 찾는 방법

유형별 투자자

- 스캘핑투자자(하루 수십 번 거래, **ex**: 전업트레이더)
- 데이트레이더(하루 여러 번 거래, **ex**: 직장인, 학생 등)
- 스윙투자자(3~30일에 한 번 거래, **ex**: 직장인, 학생 등)
- 장기투자자(1~6개월 단위 거래)
- 파종투자자(3~5개월, 구매 암호화폐 7종류 이상)
- 모든 투자 포지션은 큰 흐름 확인 후 실거래는 1분봉으로 한다
- 자주 못 볼수록 차트 간격을 넓혀서 매매한다
- 일정 현금 비중을 유지한다
- 못 볼 때는 차트나 어플의 알람 기능을 활용한다
- 수면 매수·매도는 30분봉, 1시간봉을 기준으로 거래한다

포지션	거래간격	주활용 차트 간격	거래 화폐 개수
스캘핑투자자	1분~1시간	1분, 5분, 15분, 1시간	1~2 종류 집중
데이트레이더	1일 이내	15분, 1시간	1~4 종류
스윙투자자	3~30일	1시간, 2시간, 1일	2~4 종류
장기투자자	1~6개월	1일, 1주	3~4 종류
파종투자자	3~6개월	1일	7종류 이상

암호화폐에 투자하는 방법은 직접 채굴하여 암호화폐를 얻는 방법, ICO에 참여하여 코인의 발전과 함께 투자하는 방법, 차트 매매로 투자하는 방법으로 나눌 수 있다.

이 책은 차트 기반 실전 매매를 위한 것으로 스캘핑투자자부터 파종투자자까지 활용할 수 있는 다양한 매매 방법을 다룬다. 차트를 자주 못 볼 경우 차트의 가격을 더블클릭 하거나 스마트폰의 어플을 활용하여 매수·매도하려는 가격 근처에 가격알람을 설정해놓는 것이 좋다. 그리고 가격에 도달하면 거래한다. 나도 차트를 자주 볼 수 없기 때문에 알람기능을 활용하여 투자한다.

시간이 자유로운 주말에 1분봉으로 스캘핑 거래를 하고, 자주 못 볼 상황에서는 15분봉으로 3~4시간에 한 번 거래할 때도 있다. 자기 전 수면 매수·매도 가격 설정은 1시간봉으로 넓게 선정한다. 이 역시 수면시간이 8시간 이상 되면 1시간봉, 4시간 미만으로 짧을 경우에는 15분봉으로 유연하게 차트 범위를 잡는다. 차트를 자주 못 보는 직장인은 15분봉~1시간봉으로 차트를 보며 알람을 활용하여 거래하면 거래 타이밍을 잡기가 수월하다.

모든 투자 포지션은 큰 흐름을 확인 후 실거래는 1분봉으로 확인하고 매매한다. 스캘핑투자자는 기본적으로 차트의 간격을 1분봉부터 1시간봉까지 좁게 본다. 그날 상승률이 좋거나 등락이 크거나 호재를 앞둔 코인 차트를 눈여겨보며 거래한다. 3종목 이상을 스캘핑 할 경우 제때 매매하기 어려우므로 1~2종목을 집중적으로 거래한다.

스캘핑투자는 차트를 계속 볼 수 있는 상황에서 유효하며, 차트 단기매매가 익숙한 트레이더에게 적합하다. 데이트레이더는 직장인, 학생을 포함 많은 투자자들이 활용하는 방식이다. 자주 못 보지만 중기 흐름 속에서 매매하는 투자자들이 대부분이다. 하락장이 아닐 경우에는 2~3종류 이상 코인을 분산 투자하는 방법이 안정적이나 과열된 장에서 분산 투자를 할 경우 손절 시 타이밍을 놓쳐 손해가 커질 수 있음을 주의해야 한다. 데이트레이더는 15분봉~1시간봉 사이에서 저점, 고점을 기준으로 목표가로 거래한다. 목표가에 관한 내용은 3장의 지지선, 저항선(《01. 분석기초》 94쪽 참조)에서 다룬다.

스윙투자자 또는 장기투자자는 해외출장(여행)을 가는 경우 또는 훈련소에 입소하는 경우 등 차트를 자주 못 보는 투자자에게 적합한 거래방식이다. 짧게는 수일에서 길게는 수개월가량 간격을 두고 거래하는데, 자주 못 보는 만큼 목표가를 보다 높게 잡고 거래해야 한다. 스윙투자자나 장기투자자는 가끔 볼 때 자신이 산 가격보다 떨어진 경우 현금 비중을 유지하여 가격이 떨어질 때 추가매수를 한다.

7종류 이상의 여러 알트코인을 투자하는 파종투자자는 최소 3개월 이상 투자하여 가격 사이클이 한 바퀴 돌아 상승할 때까지 홀딩한다. 목표가격을 50%, 100% 등 높게 잡되, 시가총액이 높은 암호화폐이거나 가격이 높은 암호화폐는 목표가를 보다 낮게 설정한다. 파종투자자는 비트코인의 등락에 의해

알트코인의 시세가 내리므로, 비트코인의 호재나 악재 이벤트 때마다 추가적
으로 매수했다가 알트코인의 반등장에서 매도한다. 파종투자자는 여러 코인
을 투자하기 때문에 넓고 긴 안목을 지녀야 한다. 가능하면 백서와 로드맵을
확인해서 로드맵상 호재가 될 만한 시점에 핸드폰 알람을 설정하여 목표가를
수정한다.

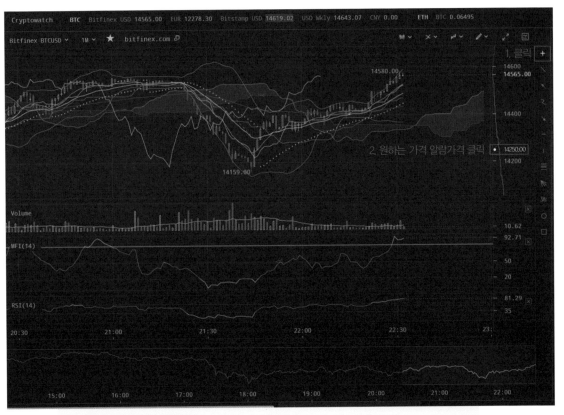

cryptowatch의 알람 설정 방법

03

주요 거래소 소개
거래소만 잘 골라도 수익이 더 낼 수 있다

거래소 선정 기준
• 투자방법에 따른 거래소 선정
• 수수료, 취급코인 종류, 보안, 거래량을 고려하자

　암호화폐 거래소를 선정하는 데 우선적으로 해야 할 것은 본인의 투자주기
와 투자방법에 따라 거래소를 선정하는 것이다. 장기투자자나 가치투자자는
수수료에 구애받지 않을 수 있어 좀 더 다양한 코인을 거래할 수 있는 거래소
에서 거래하는 것이 좋다. 반대로 단기투자자는 거래소 수수료에 영향을 많
이 받기 때문에 수수료가 상대적으로 낮은 거래소에서 거래하는 것이 좋다.
거래금액이 큰 투자자는 거래량이 큰 거래소에서 거래해야 본인의 거래량에

맞는 매매가 가능하다. 국내 거래소에서 거래하지 못하는 신규 코인들을 눈여겨보는 투자자는 해외 거래소에서 투자를 하는 것이 좋다.

암호화폐 거래소

가상화폐 거래소는 종류가 다양하여 선택하는데 어려움을 겪을 수 있다. 가상화폐 거래소를 고르는 기준은 투자의 목적, 거래하려는 가상화폐의 종류, 거래량 등에 따라 달라진다. 국내 거래소에는 업비트, 빗썸, 코인원, 코빗이 제일 대표적이며 법률 위반의 소지가 적게 운영을 하여 투자자가 몰린다. 해외는 바이낸스, 비트멕스, FTX, gate.io 등의 거래소를 이용하는 투자자가 많다. 국내 거래소에 상장되지 않은 가상화폐를 미리 매수하여 거래소 상장시 매도를 노리는 경우와 마진거래를 하는 경우 또는 초기 코인 발행에 참여하기 위해 해외 거래소를 이용하는 경우가 많다.

업비트(www.upbit.com)

카카오톡과 연동되어있고 UI가 편리하다. 거래량이 많은 편으로 큰 금액으로 매매하기도 수월하다. 케이뱅크의 실명계좌가 있으면 원화 입출금이 가능하다.

빗썸(www.bithumb.com)

거래량이 많고 취급하는 가상화폐가 많은 것이 장점이다. 쿠폰 시스템으로 수수료 할인 쿠폰이 존재한다. 농협의 실명계좌가 있으면 원화 입출금이 가능하다.

코인원(www.coinone.co.kr)

자체적인 프로차트 서비스를 제공한다. 농협의 실명계좌가 있으면 원화 입출금이 가능하다. 자체 리포트를 작성하여 거래소 이용자들에게 배포하여 충성도가 높은 이용자가 많다.

바이낸스(www.binance.com)

전 세계적으로 거래량이 높은 편에 속한다. 한국어 지원이 가능하고 선물거래도 가능하다. 초기 상장을 바라보고 장기투자하는 경우에 바이낸스를 이용하기도 한다.

암호화폐의 전송 속도는 해당 암호화폐마다 다른데 대부분 10~30분이다. 그중 리플코인은 전송이 1초~5분으로 빠르다. 리플코인과 같은 알트코인으로 전송할 경우 넴코인 등 다른 코인을 구매하기 위해 전송한 리플코인을 팔아 비트코인으로 바꾼 후 다시 넴코인을 사야 한다. 즉 리플코인 전송 수수료(국내 거래소→해외 거래소), 리플코인 판매수수료(리플코인→비트코인)가 추가된다. 때문에 전송을 빨리 해야 하는 경우를 제외하면 대부분 비트코인으로 전송한다.

해외 거래소에서 알트코인을 구매하는 투자자의 경우 비트코인을 사서 보내야 하기 때문에 비트코인이 상승하고 구매한 알트코인도 상승하면 상승률이 배가 된다. 하지만 비트코인 동반 하락장에서는 '비트코인 하락률×알트코인 하락률'만큼 손해를 배로 입기 때문에 하락이 예상되는 시점에서 국내로 미리 전송하여 현금화하거나 테더코인화해야 한다. 테더코인은 달러와 같은 액면가를 가진 코인으로 한국 거래소에서 코인을 매도하여 전액 원화한 것과 같은 효과가 있다.

너무 많은 거래소에서 거래할 경우 하락장에서 대처가 쉽지 않다. 자신의 거래성향에 맞춰 거래소를 선정하자. 해외 거래소에서 거래할 경우 국내 거래소에서 암호화폐를 구매한 후 해외 거래소에 전송해서 거래해야 한다. 많은 해외 거래소가 비트코인을 기축통화로 하여 알트코인을 구매할 수 있어 대부분 비트코인으로 해외 거래소에 전송한다.

04

정보 수집
뉴스보다 빨리 소식을 접하는 방법

정보수집 루트-정보의 선별이 가장 중요

- 백서, 로드맵: 기술적, 마케팅적 정보
- 카카오톡: 뉴스 및 트레이딩 정보
- 텔레그램: 뉴스 및 트레이딩 정보, 공식계정 정보
- 트위터: 공식계정 정보, 유명인 정보
- 사이트

  ① http://kr.tradingview.com → 차트관련 커뮤니티

  ② 코인데스크: www.coindesk.com/ → 공식 정보(추천)

  ③ 레딧: www.reddit.com/ → 해외 커뮤니티

  ④ 땡글: www.ddengle.com/ → 커뮤니티

  ⑤ 암호화폐 뉴스: kr.coinness.com

  ⑥ 프리미엄 확인: wisebody.co.kr/ → 프리미엄 확인(필수)

  ⑦ 시가총액 확인: coinmarketcap.com/charts/ → 시가총액 확인(필수)

암호화폐의 정보는 거래소 또는 해당 코인의 내부정보를 제외하면 비교적 검색 노력에 따라 빠르게 접할 수 있다. 해당 코인의 공식 백서 및 로드맵은 중·장기투자자부터 단기투자자까지 기본적으로 파악해두면 좋다. 카카오톡의 단톡방도 좋은 정보처가 될 수 있지만, 정보의 선별이 가장 중요하다. 코인판에서는 거짓정보가 뉴스가 되어 악재로 작용하는 경우가 종종 있기 때문이다.

텔레그램은 해외에서 코인 관련 메신저로 가장 많이 사용하는 어플이다. 각종 리딩방(시세가 오를지 내릴지 알려주는 방), 펌핑방(가격을 많이 올린다고 투자자를 모집하는 방), 공식 텔레그램방 등 여러 종류로 존재한다.

스팀잇 사이트는 블로그를 블록체인 기반으로 운영하는 사이트이다. 스팀잇 사이트에는 암호화폐 관련 많은 포스트가 존재한다. 트레이딩뷰는 일명 트뷰라 불리며 차트관련 다양한 서비스를 제공한다. 직접 차트에 보조지표를 입힐 수 있고 매매, 뉴스, 의견공유 등을 이용 가능하다. 특히 탑오써로 불리는 유명 트레이더들의 관점 공유는 차트를 공부할 때 참고할만 하다. 트레이더들의 인사이트를 공유할 수 있을 뿐만 아니라 초보자는 긴가민가 할 때 어느정도 참고가 가능하다.

트위터는 정보를 빠르게 접하기 위한 가장 중요한 수단이다. 대부분의 암호화폐 공식 매체는 트위터이다. 트위터에서 각종 호재를 빠르게 접할 수 있다. 거래하는 코인의 공식계정을 팔로우 해두는 것이 좋다.

이 외에도 네이버 카페나 네이버 블로그에는 정보와 소식을 공유하는 다양한 이들이 많다. 대신 자신이 보유한 가상화폐를 위주로 홍보할 수 있으니 감안하고 정보를 수집하면 좋다. 또한 코인데스크나 암호화폐뉴스 사이트는 비트코인의 큰 이슈가 있을 때 참고할 만하다. 특히 한국의 주요 뉴스를 어떻게 전파하는지 확인하기에 용이하다. 국내에서 작은 악재가 보도된 것을 해외에서는 크게 받아들여 가격 하락에 이용될 수도 있기 때문에 확인하는 것이 좋다.

땡글 역시 커뮤니티로 투자와 채굴 관련 정보를 교류할 수 있는 역사가 긴 커뮤니티다. 정보를 접하기 좋다. 코인마캣캡은 시가총액을 확인할 수 있는 사이트이다. 정해진 시가총액 안에서 암호화폐의 흐름과 비트코인 점유율을 통해 알트코인들이 어떻게 오르고 내릴지 파악하기 좋은 페이지이다. 이 외에도 국내 프리미엄을 쉽게 확인할 수 있는 wisebody 페이지를 비롯한 프리미엄 확인 등은 인터넷사이트를 활용하자.

이 외에도 코인판, 디씨인사이드 빗갤(비트코인갤러리) 등 암호화폐 관련 커뮤니티가 있다. 글의 순환이 굉장히 빠른 특징이 있다. 검증되지 않은 정보와 양질의 정보가 섞여 있어 팩트체크가 필요하다. 이러한 암호화폐 관련 카페나 커뮤니티들의 베스트 글 목록만 확인하는 것도 투자참고에 도움이 된다.

스팀잇 검색 방법

스팀잇은 블록체인 기반 블로그이다. 암호화폐 관련 양질의 정보를 접할 수 있다. 검색방법은 크게 두 가지로 나뉜다.

1. 직접검색

스팀잇(Steemit.com)에서 검색버튼을 클릭한다.

Google Custom Search		
About 418 results (0.22 seconds)		Sort by: Relevance ▾

정렬 버튼을 클릭한다.

Google Custom Search		
About 418 results (0.22 seconds)		Sort Relevance / Date

원하는 정렬 타입을 선택하고 검색한다.

2. 태그검색

스팀잇은 블록체인 기반 블로그로 태그로도 검색이 가능하다. 스팀잇 사이트에서 관련 태그를 클릭하여 검색이 가능하고, https://steem-tag-search.herokuapp.com/tagsearch/ 사이트를 통해 태그를 직접 입력하여 검색이 가능하다.

태그

life
photography
steemit
kr
art
bitcoin
introduceyourself
blog
travel
steem
spanish
cryptocurrency

레딧 검색 방법

레딧은 해외 커뮤니티인데, 암호화폐뿐 아니라 다양한 카테고리가 존재한다. 관심이 가는 정보를 검색해보자. 아래의 검색 팁으로 좀 더 원하는 정보에 정확하게 접근할 수 있다.

레딧(reddit.com)사이트에서 검색버튼을 눌러 검색한다.

레딧 상세검색

레딧 검색창에 위와 같이 입력하면 보다 자세한 상세 검색이 가능하다. 특히 서브 레딧을 통해 검색하면 관심 있는 암호화폐에 대해 자세한 검색과 구독이 가능하다. 또한 여러 명령어를 활용한 검색이 가능하다. 예를 들어 Creativeman 아이디로 글을 검

subreddit:*subreddit*
"서브레딧"으로 글 찾기
author:*username*
"아이디"로 글 찾기
site:*example.com*
"example.com"에서 글 찾기
url:*text*
url 에 포함된 텍스트 검색하기
selftext:*text*
셀프 포스트에서 "텍스트 게시물" 찾기
self:yes (or self:no)
글 포스트 포함(또는 제외)
nsfw:yes (or nsfw:no)
19금으로 표시된 결과 포함 (또는 제외)

레딧 상세검색 방법

색하고 싶다면 author:creativeman을 검색창에 입력하면 Creativeman이 올린 레딧글을 검색할 수 있다. 레딧 상세 검색 키워드는 옆의 사진과 같다.

05

시장흐름 파악
투자자는 시가총액 안에서 움직인다

전반적인 흐름 확인 → 정보 수집 → 투자종목 선정

- 전반적인 흐름확인

비트코인 시세, 프리미엄, 시가총액 확인 → 코인 전반적 등락폭 확인

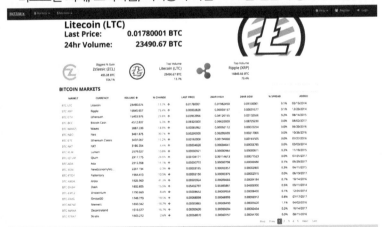

비트렉스 거래 코인의 거래량 및 등락을 개략적 확인함

시장현황 —

암호화폐	가격	거래량	전일대비	톡
₿ BTC	18,526,000	10,635	-3.14%	💬
Ⓒ BCH	1,724,100	24,625	-0.38%	💬
♦ ETH	728,000	227,930	+7.21%	💬
♦ ETC	33,290	1,668,855	+3.48%	💬
❖ XRP	523	671,840,857	+70.36%	💬
◉ QTUM	19,430	5,149,891	+27.24%	💬
Ł LTC	328,300	336,148	-5.94%	💬
◈ IOTA	5,170	14,790,430	-2.21%	💬

코인원 등락 확인

펌핑코인 확인, 혼자 상승 중인 코인 제외(호재 전 코인 예외)하고
저점 매수 준비

• 정보수집

정보수집 루트를 통해 호재 전 코인을 주시하면서 단기 반등 가까운
코인 확인

• 투자종목 선정

이미 과매수인 코인은 호재 전 코인을 제외하고 매수하지 말고
다이버전스 그리는 코인을 찾아 매수 후 짧게 거래

거래에 앞서 가장 중요한 것은 시장흐름 파악이다. 시가총액은 유지되는
지, 프리미엄은 어떻게 유지되는지 확인할 필요가 있다. 그다음 기축통화인
비트코인의 차트를 1일봉부터 순차적으로 확인하며 큰 흐름을 파악한다. 그
리고 거래하려는 거래소의 첫 화면에 입장한다.

코인원거래소와 비트렉스거래소를 예로 들겠다. 먼저 비트렉스거래소의
마켓 첫 화면을 주목하자. 상승률이 가장 크고, 거래량이 가장 많은 코인들을
보여준다. 앞 페이지의 사진에서는 LTC코인이 거래량 1등을 기록 중이다. 비
트렉스 마켓은 거래량 순위에 따라 위에서부터 코인이 표기된다. 코인마캣캡
사이트에서 코인의 시가총액 순위도 확인할 수 있는데, 최상단에 보이는 LTC
코인은 사진을 촬영한 시점에서 가장 핫한 코인임을 알 수 있다.

먼저 어떠한 코인이 시장 관심도가 높은지, 거래량순위가 늘어나는지 파악
한다. 그리고 거래할 코인을 정한다.

두 번째 사진을 보자. 시장현황을 나타내는 창인데, 많은 투자자들이 이를
가볍게 여기는 경우가 많다. 시장현황에서 역시 어떤 코인이 가장 많이 올랐
는지, 상대적으로 어떤 코인이 많이 내렸는지, 거래량은 전과 비교하여 어떻
게 다른지 확인할 수 있다. 암호화폐의 거래량을 자주 확인하면 거래량에 대
한 등락을 바로 파악할 수 있다.

거래량 파악이 서투른 투자자는 컴퓨터 스크린샷을 이용하여 저장해두거
나 기록하여 대략적인 거래량을 파악하자. 거래량이 많을수록 상승 또는 하
락에 대한 확증을 더해준다.

위의 사진에서는 리플코인(XRP)이 가장 높은 상승률을 보여준다. LTC코
인은 상대적으로 많이 떨어져 있다. 그렇다면 상승 중인 리플코인을 바로 매

수하기보다는 상대적으로 내린 LTC코인의 매수 타이밍을 보면서 리플코인의 가격이 내리는 타이밍을 노려 LTC코인의 저점을 잡아 매도 후 가상 관심도가 높은 리플코인의 조정시점에 매수하는 것을 목표로 거래한다. 이러한 방법으로 시장상황을 종합적으로 판단하고 어떤 코인을 중점적으로 주시하며 거래할지 파악하며 거래를 시작할 준비를 마친다.

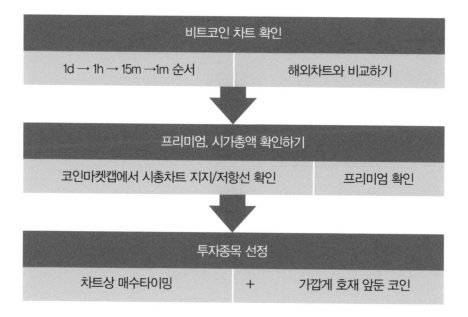

다시 정리하면 다음과 같다. 차트 확인순서는 일봉(1d)부터, 한시간봉(1h), 십오분봉(15m), 일분봉(1m) 순으로 확인하는 것이 좋다. 지나친 지지/저항선이 있을 수 있고, 봉의 주기가 더 넓어질수록(일봉에 가까워질수록) 더 강한 매수/매도 시그널을 나타낸다. 데이터의 범위가 더 넓어지기 때문이다.

암호화폐 투자사기를
피하는 방법

ICO 사기를 피하는 법

'ICO의 광풍' 이면에는 사기로 인한 피해가 늘고 있다. 이 때문에 정부는 9월 ICO 전면금지를 발표하기도 했다. 암호화폐의 가격이 급등하면서 ICO 열풍이 불었으나, 법의 테두리 밖에서 사기가 많아졌고 이로 인한 한국 투자자의 피해가 커지면서 국내 ICO가 금지되었다. ICO는 차트분석에 의한 매매가 아닌 '가치투자'이므로 꼼꼼한 확인이 필요하다. ICO사기 피하는 방법을 소개한다.

1. 창립자(Founder)와 개발진(Developers)

창립자와 개발진의 이력은 구글에서 검색이 가능하다. 개발진이나 창립자의 이름과 SCAM 또는 Interview의 키워드를 활용하여 검색하고 확인해보자.
꼼꼼하게 확인하기 위해서는 어떠한 인터뷰도 확인하는 것이 좋다.

2. 백서(White Paper)와 로드맵(Road Map)

백서에는 해당 암호화폐의 특징, 기반기술, 조달자금의 재무계획을 확인하
고, 프로젝트가 실현 가능한 범위에서 계획되어 있는지 확인한다. 백서가 중
요하다는 사실은 많은 투자자와 ICO 사기꾼들에게 알려져 있다. 어려운 용어
와 그럴듯한 이미지를 차용해서 만든 백서들도 많다. 백서만으로는 확인하기
어려울 때, http://icoindex.com/ 사이트를 활용하자.

icoindex 사이트에서는 ICO 코인에 아래와 같은 마크로 사기인지 확인할 수
있다.

icoindex 예시. 코인마크 아래 × 표시는 스캠(scam: 사기)이 의심되거나 스캠임을 나타낸다.

검토 중이라는 표시   확인   스캠이 의심됨 또는 스캠

× 표시라고 해서 모두 스캠은 아니지만 주의한다.

로드맵은 해당 암호화폐의 향후 개발, 홍보, 상용화 계획 등을 포함한 청사진이다. 자세한 내용이 필요하지만, 의심이 될 정도의 터무니없는 목표나 막연하게 목표를 설정한 로드맵은 의심한다.

3. 기타

깃헙(Github.com)에서 해당 암호화폐의 기술검증을 받지 않은 경우 또는 가짜 ICO 자금 모집사이트를 열어두는 경우가 있다. 가짜 ICO 사이트를 피하기 위해서는 공식 사이트나 트위터인지 확인하는 것이 중요하다. 그리고 ICO 관련 커뮤니티에서 해당 코인에 대한 반응을 확인하고 여러 ICO 관련 사이트에서 종합적으로 ICO정보를 수집하는 것이 사기 피해를 줄이는 데 도움이 된다.

ICO가 셀 수 없이 많이 난립하는 최근에는 ICO 팀에서 직접 운영하는 소통채널(카카오톡 또는 텔레그램 등)에서 질문에 대답하는 수준을 확인하면 어느 정도 사업성에 대해 확인해 볼 수 있다. ICO가 사기더라도 가격 펌핑을 일으키고 막을 내릴 수 있기 때문에, 사기와 가격은 무조건적으로 0에 수렴하지는 않는다. 센트라 코인의 경우에도 스캠으로 판명났지만 상장폐지 직전 잠시

반등한 사례가 있었다. 더 자세한 내용은 Value Cho의 가치투자 정석을 참고하자.

ICO 관련 사이트 모음

- www.icoalert.com/: ICO 일정 확인
- cointldr.com/reports: 자체 ICO 분석 리포트 발행
- icorating.com/: ICO 분석 사이트
- icostats.com/: ICO 수익률 확인
- bitcointalk.org/index.php?board=67.0: ICO 관련 커뮤니티(비트코인톡)
- www.reddit.com/r/icocrypto/: ICO 관련 커뮤니티(레딧)
- github.com/Scanate/UltimateICOCalendar: 깃헙 ICO 일정

암호화폐 차트로 분석하기

주식 차트를 분석하듯 암호화폐 차트를 분석하면 위험부담이 크다.

암호화폐 차트에서만 발견할 수 있는 패턴이 있다.

치밀한 분석과 예측으로 축적한 독창적인 암호화폐 투자공식으로

백전불패의 전략을 소개한다.

01

분석 기초
차트분석, 어디서 어떻게 할까?

봉을 유연하게 보자!
- 초단기투자자(1~6시간 거래): 1분봉, 15분봉, 30분봉, 1시간봉 기준
- 데이트레이더(1일): 15분봉, 1시간봉, 2시간봉, 일봉
- 스윙투자자(3~7일): 1시간봉, 일봉
- 장기투자자: 일봉, 주봉
- 초단기투자자도 일봉을 봐야한다.
- 모든 투자자는 큰 주기 봉으로 추세를 확인 후 1분봉으로 확인하여 거래
- 나의 매매를 타인에게 설명할 수 있어야한다.
- 단타투자자일수록 매수는 천천히, 매도는 짧게 본다.

이 책에 나오는 정보 수집은 모든 투자 스타일에 활용할 수 있지만, 차트

주기는 투자 주기에 따라 분석법이 다르다. 일명 스캘핑(Scalping)으로 불리는 초단기투자자는 1분봉만으로 거래한다고 생각하기 쉽지만 15분, 1시간봉 때로는 일봉까지 확인하며 거래하는 것이 좋다.

그 이유는 각기 다른 시간봉의 매수/매도 타이밍이 차트마다 다르기 때문이다. 보던 차트보다 더 넓은 범위의 차트에서 매수시그널을 확인할 때 더욱 확증할 수 있다.

모든 투자자들은 거래를 시작하기 전에 큰 흐름을 파악하고 투자한다. 본업 때문에 또는 자주 못 보는 경우를 생각하여 차트주기를 임의로 조정하여 거래한다. 과매수권에서 자주 못 볼 경우에 단타투자자는 최대한 보수적으로 운영한다.

매매를 하며 제일 중요한 것은 느낌이 아닌 이성으로 매매를 하는 것이다. 주위 지인에게 이유를 설명할 수 있어야한다. 주식의 리딩방처럼 매수/목표/손절 가격을 타인에게 설명할 수 있을 때 나의 매매 실력이 올라간다. 또한 봉마다 돌아오는 주기가 다르기 때문에 매수는 최대한 천천히 일봉까지 넓은 봉에서 확인하여 매수하고, 매도는 짧은봉부터 넓혀서 보는 것이 단타투자자에게 좋다.

차트분석 사이트
- cryptowatch, 프로차트, Tradingview의 동시 활용
  ① cryptowatch: cryptowat.ch/ → 가장 반영 빠름, 서버다운 대처
  ② 프로차트: coinone.co.kr/chart/ → 보조지표 확인 용이
  ③ Tradingview: www.tradingview.com/ → 다양한 지표 활용 가능

암호화폐 차트분석 사이트들은 각각 차별화된 장점이 있다. 한 사이트만 고집하기보다 가능하면 여러 사이트를 열어두는 것이 좋다. 해당 거래소의 차트만 이용하면 거래소 서버가 다운되었을 때 해외 시세를 확인할 수 없어 거래가 어렵다. 전문 차트사이트를 활용하자.

나는 cryptowatch를 가장 많이 활용한다. 가격 반응이 제일 빠르기 때문이다. 하지만 보조지표를 많이 확인할 수가 없어 코인원의 프로차트와 Tradingview 사이트를 함께 활용한다. 특히 Tradingview 사이트는 탑차트분석가들의 차트분석을 참고하여 거래하면 도움이 된다. 사용자들이 직접 만든 지표도 활용할 수 있다. 다만 무료버전은 세 가지 지표만 활용할 수 있다.

차트분석은 가격이 오른다 내린다 확정 짓는 분석글보다는 특정 가격대에

tradingview.com에서는 차트분석가들의 분석을 공유할 수 있고, 개인이 만든 지표로 차트를 볼 수 있다.

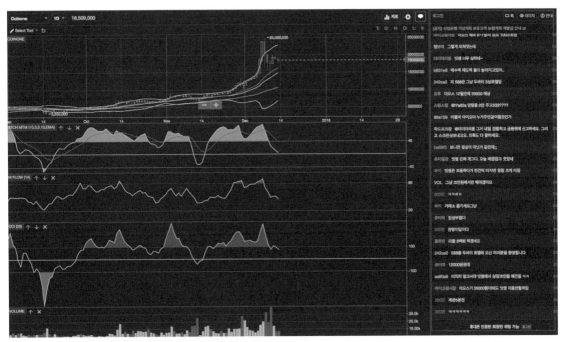

코인원 프로차트는 사용자 간 채팅이 가능하다.

오면 어떻게 대응할지 정리하는 분석글이 거래할 때 도움이 된다. 나는 먼저 코인원 프로차트, Tradingview에서 중장기 추세를 보고 시그널들을 확인한다. 그리고 cryptowatch에서 가격이 오르는지 내리는지 확인하고 거래를 한다. 이러한 방법으로 거래하면 보다 낮은 가격에 매수하고 높은 가격에 매도하는 데 도움이 된다.

차트 기초

① 양봉이란 해당 거래 시간의 시점(시가)보다 거래가 끝나는 시점(종가)에

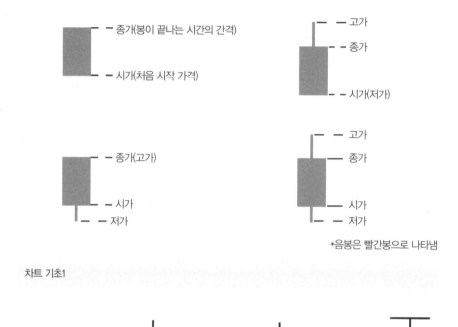

차트 기초1

도지(시가=종가)

차트 기초2

　가격이 오른 경우를 나타낸다. 암호화폐시장에서는 초록색이 양봉이다.

② 음봉이란 해당 거래 시점보다 거래가 끝나는 시점에 가격이 내린 경우
　를 나타낸다. 빨간색이 음봉을 나타낸다.

③ 도지란 시가와 종가가 같은 봉으로 급등 혹은 급락할 때 추세 반전을 암
　시한다. 도지의 종류는 도지, 키다리형 도지, 비석형 도지, 잠자리형 도
　지 등이 있는데, 비석형 도지는 'ㅗ' 형태로 매도세가 강함을, 잠자리형

도지 'ㅜ'는 매수세가 강함을 나타낸다. 도지의 꼬리가 길수록 추세전환이 더 강하다.

지지선, 저항선

① 고점을 찍고 떨어지거나 저점을 찍고 반등했거나 가장 많이 머물렀던 지점을 지지선, 저항선으로 활용한다.

② 차트의 범위를 바꾸면 지지선과 저항선도 달라진다.

③ 단기거래 투자자일수록 차트의 범위를 짧게 잡고 지지선, 저항선을 설정한다.

④ 차트의 범위를 넓혔을 때의 지지선, 저항선은 더 강한 지지와 저항을 받는다.

⑤ 지지선은 저항선이 될 수 있고, 저항선은 지지선이 될 수도 있다.

⑥ 지지선, 저항선을 비롯해 여러 지표와 거래량이 동시에 확증을 줄수록 거래 성공 가능성이 높아진다.

⑦ 저항선을 상향 돌파 시 매수, 지지선을 하향 돌파 시 매도한다. 저항선은 현재 가격대보다 위에서 형성되고, 지지선은 현재 가격대보다 아래에서 형성된다.

⑧ 지지선, 저항선 설정 방법

아래의 예시는 데이~스윙(3~7일) 거래를 기준으로 한다. 스캘핑(하루에 수십 번 이상 거래) 또는 중장기(1개월 이상) 기준의 경우 기간을 더 좁히거나 넓혀서 본다. 예시는 코인원 프로차트의 이더리움을 기준으로 하지만, Cryptowatch나 Tradingview를 활용해도 좋다.

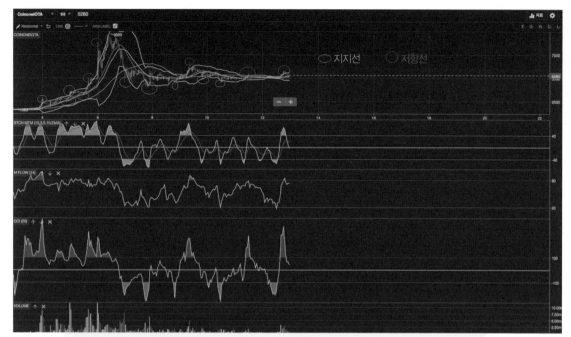

지지선 저항선1. 전고점을 확인한 다음 수평선(Horizontal)을 클릭하여 전고점, 전저점, 가격이 많이 거쳐
간 점을 클릭하여 수평선을 그린다.

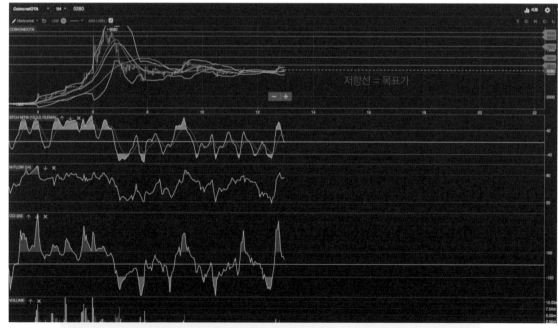

지지선 저항선2. 저항선(빨간 선)을 설정한 상태이다. 이 차트에서는 상승이 시작되면 가장 가까운 가격
인 5800이 1차 목표가가 된다.

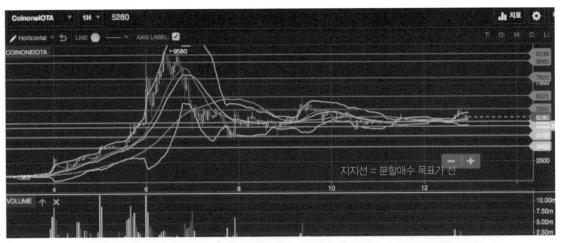

지지선 = 분할매수 목표가 선

지지선 저항선3. 지지선(초록 선) 설정한 상태이다. 이 차트에서는 하락이 시작되면 4998원에서 1차 지
지한다.

⑨ 1H, 1D 봉으로 가격대 확인하고 저항선과 지지선 만들기

어디까지 오르고 내릴지 먼저 보자. 시간봉과 일봉으로 보는 이유는 저
항선, 지지선을 그리고 거래목표치를 정하기 위해서다. 상승장의 경우
전고점을 확인할 수 있을 때까지 차트를 점점 넓힌다. 1H봉으로 전고점
확인이 불가능할 경우, 즉 현재 가격이 최고점일 경우 2H, 4H로 범위를
넓혀 전고점을 확인한다.

가격대가 특정 가격에 도달하고 내려온 가격을 저항선, 특정 가격을 찍
고 올라온 가격을 지지선으로 잡는다. 이는 투자자들이 차트를 활용해
지지선을 보고 거래하는 심리적인 측면과 차트가 일정주기로 반복되는
특징 때문이다.

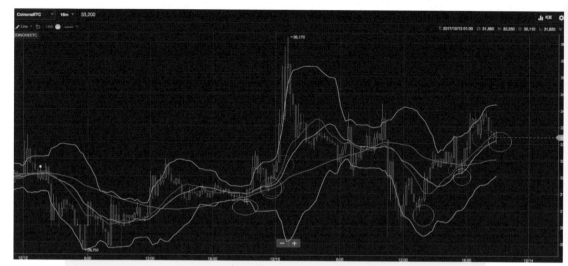

가격은 일시적으로 오르지 않고 꺾여서 올라가기 때문에 꺾이고 내려오는 바닥을 이어서 상승추세선을 설정한다.

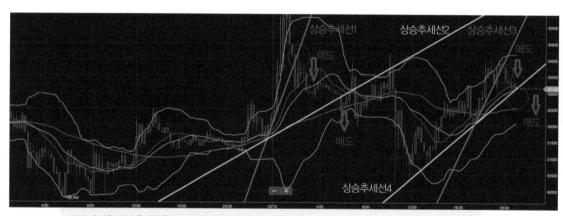

가장 가파른 상승추세선을 보일 때를 매도 시점으로 정한다.

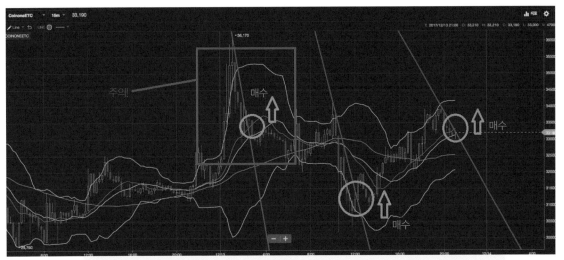

단순히 하락추세선을 돌파했다고 매수할 경우 매매에 실패할 수도 있다. 가장 왼쪽의 하락추세선의 경우 하락추세선은 돌파했지만 가격이 하락한 것을 알 수 있다. 따라서 이후 나오는 보조지표, 지지선, 저항선과 함께 차트를 보는 것이 좋다.

상승추세선, 하락추세선

① 상승장에서 차트의 저점과 저점을 이은 선을 상승추세선이라 한다.

② 하락장에서 차트의 고점과 고점을 이은 선을 하락추세선이라 한다.

③ 차트의 범위를 바꾸면 상승추세선과 하락추세선이 달라진다.

④ 따라서 거래의 주기가 짧을수록 1~15분봉과 같이 범위가 좁은 차트에서 추세선을 설정한다.

⑤ 하락장에서 하락추세선을 상향 돌파할 때 매수하고, 상승장에서 상승추세선을 하향 돌파할 때 매도한다.

⑥ 상승추세선 설정

⑦ 하락추세선 설정

강의를 하며 많은 수강생들이 어려워하는 첫 번째는 어디에 지지선/저항선을 그릴지이고 두 번째는 추세선을 그리는 것이 맞는지 어려워한다. 이에 대한 나의 대답은 항상 같다. 바로 '보수적'으로 그리라는 것이다. 그 곳이 지지/저항선이 맞는지 모르겠으면 일단 그린다. 그리고 너무 많이 그려지면 일분봉에서 그린 지지/저항선부터 다시 지워나간다. 추세선도 마찬가지이다. 더 가파르게 그리면 남들보다 빠르게 매도할 수 있다. 바닥과 바닥을 연결할 때 봉의 하단 꼬리를 연결하지만 너무 기울기가 가파라서 매매에 도움이 안되면 봉의 몸통을 바닥으로 다시 상승추세선을 그린다. 하락추세선은 반대로 하면 된다.

⑧ 횡보 시 추세선(지지선, 저항선) 설정

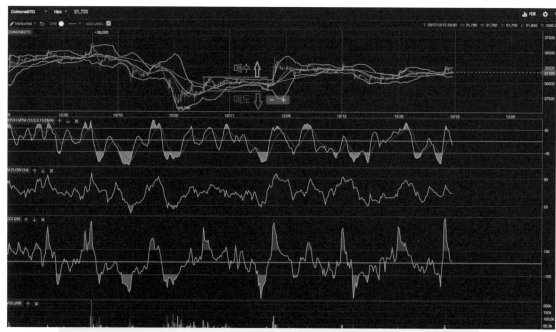

추세선의 기울기에 너무 얽매이지 말자. 지지선, 추세선을 정하는 것에는 정답이 없다. 다만 '마지노선'으로 판단해서 '추세선마저 이탈했으니 안정적으로 매매해야겠다'는 마음가짐으로 거래에 임하자. 지지선, 저항선, 추세선을 참고하고 보조지표를 활용하며 거래를 하는 것이 거래승률을 올리는 가장 좋은 차트매매 방법이다.

02

기본 차트패턴
패턴에 얽매이지 말자

- 가장 많이 쓰이는 패턴은 W형, M형, 머리어깨형
- 저항선 돌파 시 매수, 지지선 깨지면 매도는 기본 원칙

W형

W형은 '쌍바닥형'이라고도 하는 대표적인 상승전환 패턴이다. W의 바닥은 왼쪽 혹은 오른쪽 지점에서 형성되는데, 왼쪽 바닥이 더 높은 W형이 상승전환 확률이 높다.

다양한 형태의 W형 패턴

아래 그림에서 하얀 선은 하락추세선이고, 노란 선은 W형 패턴을 나타낸다. 직전 전저점 12,250원에서 반등했다가 다시 12,250원을 지지하며 올라가는 형상을 보여주었는데, 이때 매수 타이밍은 전저점을 지지하는 순간이다.

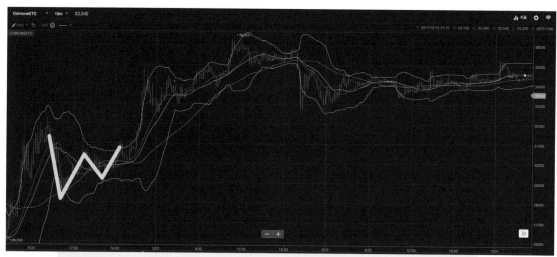

하락추세선의 기울기가 완만해지며 w형을 나타내는 하락장 대표 상승전환 패턴

M형

M형은 대표적인 하락전환 패턴으로 전고점을 뚫지 못하고 하락하는 패턴
이다. 왼쪽 가격이 좀 더 높은 M형은 대표적인 전고점 돌파 실패로 하락하는
패턴이다. 오른쪽 가격이 좀 더 높은 M형의 경우 전고점을 돌파하여 매수하
였으나 큰 하락으로 손실을 입을 수 있다. 이때는 보조지표와 거래량 그리고
시장상황을 확인하며 거래해야 한다.

대표적인 M형 패턴

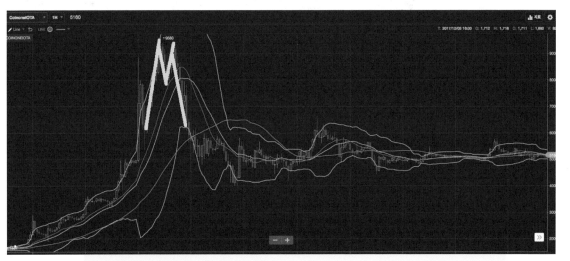

전고점을 돌파하지 못하고 M형 하락을 보임

머리어깨형

W형과 M형이 단기 패턴과 중·장기 패턴에서 다양하게 나타나는 반면 머리어깨형은 중·장기 패턴에서 주로 나타난다. 상승 초입부에서 장대양봉과 볼린저밴드 지표를 뚫는 과매수(왼쪽어깨)였다가 고점(머리)에 도달한다. 이후 전고점에 재도전했으나 실패 후 가격이 우하락 하다가 다시 상승(오른쪽어깨)하여 기대감을 주지만 전고점을 돌파하지 못하고 대폭락으로 끝나는 패턴이다. 코인판에서는 호재를 앞둔 코인들에게서 많이 보인다.

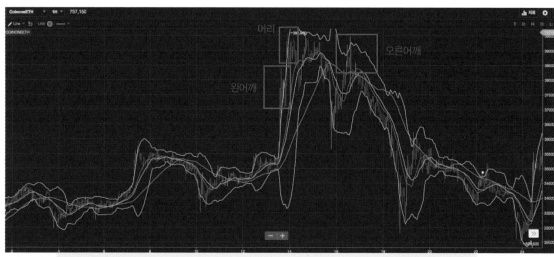

이더리움의 머리어깨형 그래프. 머리어깨형에 집착하기보다는 과매수 이후 전고점을 돌파하지 못할 경우 가격이 떨어질 수 있음을 염두에 두자.

웻지(WEDGE) 패턴

웻지 패턴은 상승추세, 하락추세에서 나타난다. 상승추세의 웻지는 아래쪽 상승추세선이 위쪽 상승추세선보다 기울기가 가파른 웻지로 저가가 고가보다 빨리 올라서 상승추세선을 깨고 하락 시 매도시그널이 된다. 반대로 하락추세의 웻지는 위의 하락추세선이 아래의 하락추세선보다 기울기가 가파른 경우로 고가가 저가보다 더 빨리 오르는 것을 뜻한다. 위의 하락추세선을 돌파하는 순간이 매수시그널이 된다.

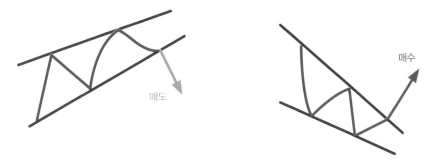

왼쪽은 상승 웻지, 오른쪽은 하락 웻지를 나타낸다. 지지선을 돌파할 때 매도, 저항선을 돌파할 때 매수는 여기서도 적용된다.

컵앤핸들(Cup and Handle)

컵앤핸들 패턴은 진입 패턴으로 확인이 가능하다. 가장 알아보기 쉽지만, 사이클이 빠른 코인판에서는 자주 보기 힘든 패턴이다. 컵은 U 모양이며 이전 가격의 1/3을 되돌림하여 그릇을 나타내고, 컵이 만들어지면 다시 1/3을 되돌림하여 핸들을 만든다. 핸들은 박스권을 나타내는데 이때 박스권을 돌파하며 상승할 때 좋은 매수 타이밍이 된다.

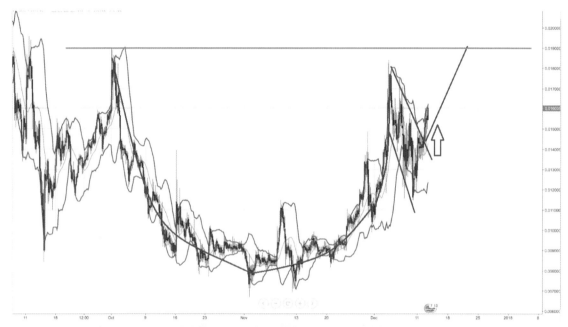

원래 가격에서 1/3 되돌림된 상태를 보여준다. 저항선 돌파 시 강한 상승을 기대할 수 있다.

플래그(Flag) 패턴

    추세의 지속 여부를 판단할 때 플래그 패턴을 활용할 수 있다. 웻지와 달리 플래그는 같은 기울기(가격 변동폭이 일정)로 진행되는 것이 차이점이다. 상승 플래그에서 지지선을 돌파할 때 매도, 하락 플래그에서 저항선을 돌파할 때 매수한다.

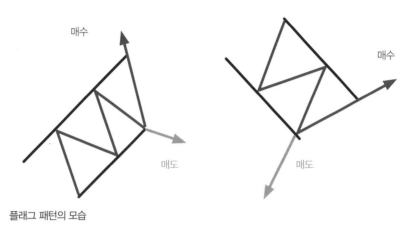

플래그 패턴의 모습

플래그 패턴 예시. 저항선 돌파 시 매수

페넌트(Pennant)

상승 또는 하락의 큰 변동 이후 가격이 점차 수렴하는 형태로 역시 저항선을 뚫고 오르면(아래 그림의 빨간 화살표) 매수시그널을 나타낸다. 주로 상승장에서 상승삼각형을 나타내기 때문에 진입시기 패턴으로 볼 수 있다. 이는 트라이앵글패턴과의 차이점이다.

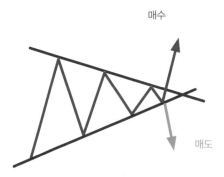

저항선을 돌파할 때 매수, 지지선을 돌파할 때 매도

페넌트 패턴. 저항선 돌파 시 강한 상승을 보여준다.

트라이앵글(Triangle)

　트라이앵글 패턴은 대칭, 하락, 상승 3가지 패턴으로 나뉜다. 가격이 점점 수렴하며 상방 또는 하방으로 자리 잡는데, 저항선을 돌파할 때 매수시그널이, 지지선을 돌파할 때 매도시그널이 된다. 페넌트 패턴과의 차이는 수렴 후 오르거나 내리는 케이스가 나뉘는 점이다. 어떤 패턴인지 집착하기보다는 지지선, 저항선을 그려서 수렴이 끝날 때 가격이 지지선(저항선)을 뚫고 어느 방향으로 향하는지 확인하고 매수(매도)한다.

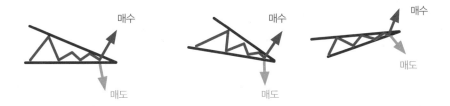

대칭, 하락, 상승의 트라이앵글 패턴

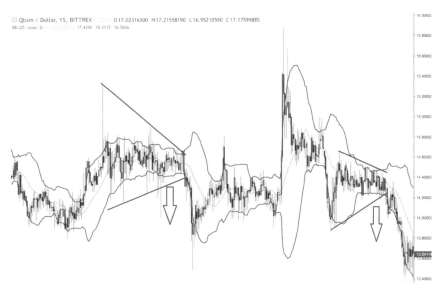

트라이앵글 패턴. 수렴 후 하락을 보여준다.

네모(Rectangle)

사각형 패턴은 박스권(횡보) 형태로 비교적 구분하기 용이하다. 저항선을 돌파할 때 매수, 지지선을 돌파할 때 매도한다.

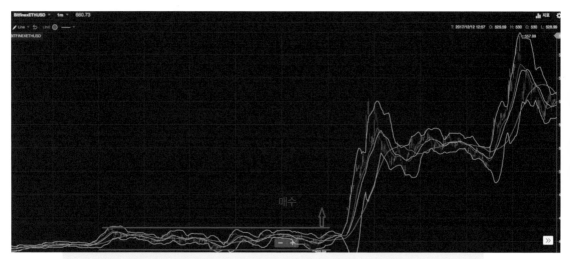

네모 패턴 예시. 횡보장과 비슷하다.

엘리엇 파동이론

주식에서 가장 대표적인 이론인 '엘리엇 파동이론'은 가격이 상승 5파와 하락 3파로 흐름이 이어진다. 세계적인 투자회사 골드만삭스는 비트코인의 가격예측 리포트를 엘리엇 파동이론을 활용하여 발표하기도 했다. 엘리엇 파동은 다음과 같은 규칙을 지켜야 한다.

① 2번 파동의 끝점이 1번 파동의 시작점 이하로 내려가지 않는다.

② 3번 파동의 상승이 가장 크다.

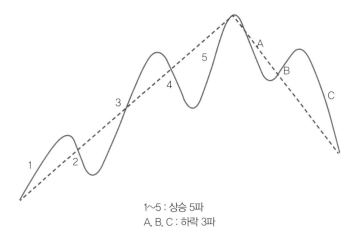

1~5 : 상승 5파
A, B, C : 하락 3파

엘리엇 파동의 예

③ 4번 파동의 끝점이 1번 파동의 끝점과 겹칠 수 없다.

④ 어느 한 파동이 연장되면 다른 파동들은 연장되지 않는다.

⑤ 2번, 4번 파동은 반복되지 않고 연장되지도 않는다.

　엘리엇 파동은 파동이 다 그려지면 알기 쉽지만 파동이 진행 중에 있을 때는 차트분석가들도 의견의 차이를 보이는 경우가 많다. 주식에서도 중·장기 추세 파악에 용이한 이론인데, 차트가 반복되는 사이클이 주식보다 훨씬 빨라서 거래시점을 잡기 어려울 수 있다. 또한 암호화폐시장이 계속 커지고 있는 상황에서 많은 코인들의 가격이 우상향을 보이고 있어 엘리엇 파동을 적용하는 데 어려운 경우가 많다. 따라서 엘리엇 파동에 의존할 경우 '코인판에서 차트가 안 맞는다'라는 말이 딱 들어맞을 것이다.

　피보나치 되돌림은 엘리엇 파동과 함께 주식에서 유명한 개념 중 하나로, 피보나치 되돌림은 가격이 상승 또는 하락 시 피보나치 수열의 비율로 조정을 예측하는 것을 말한다. 골드만삭스의 비트코인 가격 예측 역시 피보나치를 활용하는 것으로 유명하다. 상승(하락) 직후 가격이 원래 고점(저점)의 23.6%, 38.2%, 61.8%로 되돌아오는 개념이다. 이는 상승장(하락장)에서 조정 시 매수(매도) 타이밍을 잡는 데 활용할 수 있다. 피보나치는 바닥과 고점을 연결하면 어디까지 조정이 올 지에 대한 지지선으로 활용 가능하고, 고점과 바닥을 연결하면 어디까지 반등이 올 지에 대한 저항선으로 활용 가능하다.

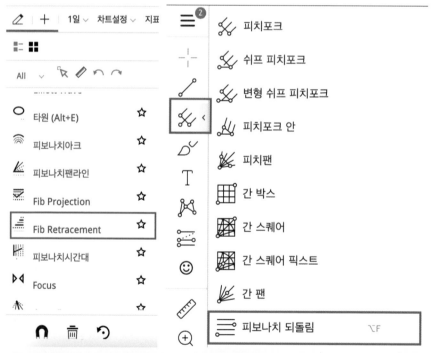

피보나치 되돌림 설정방법 왼쪽은 업비트, 오른쪽은 트레이딩뷰

120

피보나치 되돌림 설정 시 예상 되돌림 가격을 확인할 수 있다.

03

활용지표
수익률이 제일 나았던 보조지표들

지표 선정
- 모든 지표는 기본값으로 사용해도 무방
- 빠른 암호화폐 사이클을 고려하여 반영이 빠른 지표 활용
- 거래량이 증가하면 매수/매도 시그널을 더 확증할 수 있다.

나는 암호화폐에 맞는 차트매매를 위해 많은 책과 논문을 참고하였다. 초기에는 다른 조합의 보조지표를 사용하였지만 시행착오를 겪으며 보편적으로 활용 가능한 지표를 찾게 되었다. 디테일한 수정은 독자 스스로 매매 스타일에 맞춰 지표설정에서 주기를 짧게 혹은 길게 바꾸는 것을 권장한다.

보조지표

① 거래량: 모든 지표는 거래량이 증가할 때 좀 더 확증을 준다.

거래량 ∝ 지표확증

② STCH MTM Index(스토캐스틱 모멘텀): 주어진 기간 중 움직인 가격 범위에서 오늘의 시장가격이 상대적으로 어디에 위치하고 있는지를 알려주는 지표

- 과매수, −40 과매도
- 골든크로스: 빨간 선(%D선: 장기이동 평균선)이 하얀 선(%K선: 단기 이동평균선)보다 아래
- 데드크로스: 빨간 선(%D선: 장기이동 평균선)이 하얀 선(%K선: 단기 이동평균선)보다 위
- 매수: 골든크로스, 과매도 구간에서 기울기 변화, 다이버전스
- 매도: 데드크로스, 과매수 구간에서 기울기 변화, 다이버전스

③ Commodity Channel Index(CCI): 특정일 평균주가가 이동평균주가와 얼마나 떨어져 있는지를 나타내는 지표. 변동성이 강하여 중·장기 추세매매보다 단기매매시점 포착에 유리

- 100 과매수, −100 과매도
- 매수: 과매도 구간에서 기울기 변화, 다이버전스
- 매도: 과매수 구간에서 기울기 변화, 다이버전스

④ Money Flow Index(MFI): 자금이 얼마나 유출되고 유입되는지 힘의 강도를 측정하는 모멘텀 지표로 RSI지표는 가격만으로 강도를 측정하는 데 비해 MFI는 거래량도 포함하여 강도를 측정. 때문에 MFI를 사용

- 80 과매수, 20 과매도
- 매수: 과매도 구간에서 기울기 변화, 다이버전스
- 매도: 과매수 구간에서 기울기 변화, 다이버전스

⑤ Bollinger Bands(BB): 주가가 20일 이동평균선 중심으로 표준편차(약 96.5%) 범위 안에서(밴드 안에서) 움직이는 지표

- 밴드폭이 좁아지거나 넓어지면 가격 변동이 일어남
- 1시간봉 볼린저밴드 과매수 터치일 경우 매도
- 매수: 볼린저밴드 하단부 돌파 동시에 매도량 감소
- 매도: 볼린저밴드 상단부 돌파 동시에 매수량 감소

보조지표에는 상승추세선, 하락추세선, 지지선, 저항선과 같은 추세선을 이용한 방법, 거래량 지표(MFI)를 활용한 방법, 모멘텀(강세) 지표(STCH MTM, Ichmoku cloud, Bollinger bands) 등 많은 자료들이 있다. 여러 지표를 활용해보니 MFI, Bollinger bands, STCH MTM index, CCI가 가격 반영이 빠르고, 다른 지표들보다 정확하다는 것을 알 수 있었다.

주식에서 많이 사용하던 MACD는 잊자. "코인판은 차트가 안 맞는다"고 하는 이들이 많다. 그럴 만한 이유가 있다. 코인판은 사이클이 굉장히 짧기 때문이다. 많이 쓰이는 지표들의 반응이 느려서 이미 매수·매도 타이밍을 놓치는 경우가 많다. 차트 사이트에서 기본 설정을 해놓는 것만으로도 충분하다. 모든 지표들은 매수 혹은 매도시그널을 포착한다. 거래량이 증가된 상태라면 시그널을 좀 더 확증할 수 있다. 지표들이 모두 시그널을 줄 경우 더욱 확증할 수 있다. 나는 최소 2개 지표 이상 매수·매도시그널을 포착할 때에만 거래한다.

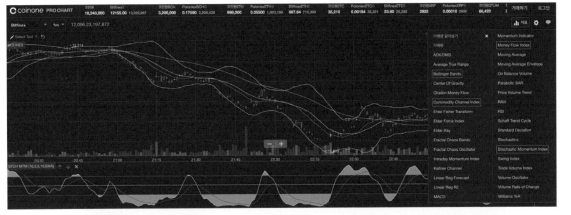

코인원 보조지표 설정 방법

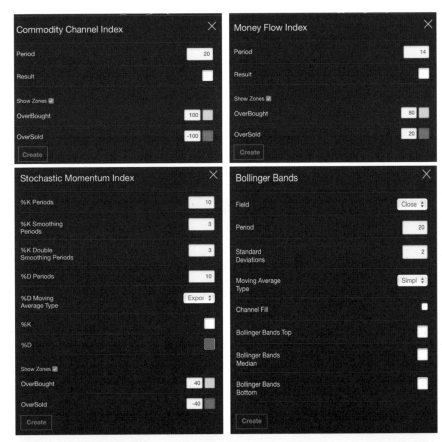

보조지표 설정 기본값으로 설정

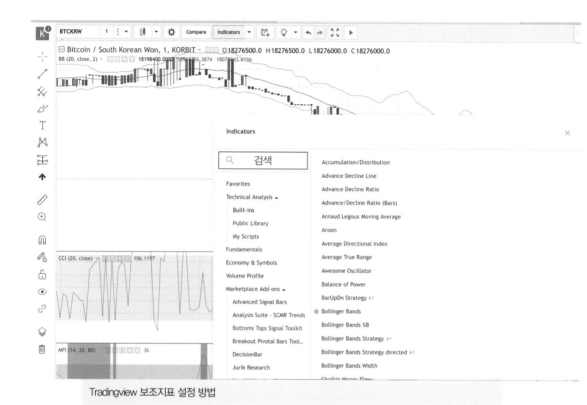

Tradingview 보조지표 설정 방법

Cryptowatch 보조지표 설정 방법

04

매수시그널
수익을 극대화하는 바닥매수 전략

매수시그널
- 변형 추세추종 매수 : 지지선을 활용한 매수
- 보조지표 수치를 활용한 매수 : 과매도 수치의 최대치를 활용한 매수
- 크맨타이밍을 활용한 매수 : 과장강세 다이버전스 활용한 매수
- 골든크로스
- 하락추세선 상향이탈

    나의 매수 방법은 위의 다섯 가지를 주로 활용하며 매수한다. 이 다섯 개의 방법만으로도 하루에 수없이 초단타 매매가 가능하다. 그 중 제일 많이 쓰는 방법은 변형추세추종매수와 크맨타이밍 그리고 보조지표 수치를 활용한 매수 방법이다. 매수 타이밍에 있어서 한시간봉 이상의 넓은 봉에서 매수타이

밍이 나타날 경우 더 강한 반등을 염두하며 매수준비를 한다. 반대로 1m ~ 15m 에서만 매수타이밍이 나타날 경우에는 짧은 반등을 염두하며 초단타 매매를 한다. 매수를 할 때 중요한 점은 투자초보일수록 분할매수를 해야하는 것이다. 나는 호가창에 맞게 몇천만원 단위로 초단타 매매를 한다. 하지만 단타에 자신이 없는 경우에 몇천만원을 한꺼번에 매매를 할 경우 순식간에 몇십만원이 증발할 수 있다. 코린이라면 원래 목표하려는 매수가 위아래로 여유를 두며 3번에 걸쳐 매수하는 것을 추천한다. 먼저 매수타이밍이 가까워질 때 한 번 매수한다. 세 번째 매수시기는 이후 지지선에 올 때 다시 매수하고 마지막으로 가격이 더 내리지만 손절가격은 아닌경우에 물타기매수를 해서 반등 시 다시 매도하거나, 지지선 근처에서 반등 시 마지막으로 최종매수를 한다. 매수 시그널에서 중요한 것은 매수 후 방치가 아닌 바로 목표가격과 손절가격을 판단해야한다. 단타투자자일수록 목표/손절가격을 빠르게 판단할 수 있어야 한다. 차트매매는 '예측'이 아닌 '대응'임을 다시 한번 상기하자. 이 책의 매수/매도 시그널은 승률을 높이는 도구이지 예측하는 것이 아니다.

지지선을 활용한 변형추세추종매수

- 제일 쉬운 방법
- 지지선을 활용한 매수방법
- 피라미드형 분할매수

주식에서의 추세추종 매매는 바닥을 확인하고 오를 때 매수하고, 고점을 확인하고 내릴 때 매도한다. 나는 암호화폐 시장에서도 이 매매방법이 유효함을 귀납적인 매매시뮬레이션을 통해 확인하였다.

이 방법은 앞에서 배운 지지/저항선을 활용한 매매 방법으로 가장 쉬운 방법이다. 매매실력에 따라 분할매수 횟수를 1~3회로 조정하고 중요한 점은 지지선에 왔을 때 과감하게 진입하는 것이다. 지지선을 활용한 매수 후 매도는 뒤의 매도시그널에서 해당되는 매도타이밍이 나오는 경우 보다는 가까운 저항선에 매도를 준비하는 경우가 훨씬 많기 때문에 바로 저항선 확인을 하자. 당연히 매수/매도를 통한 목표금액이 너무 적은데 손절 시 손절구간이 넓은 경우에는 매수를 보류한다. 아래의 실제 매매 예시를 통해 매매과정을 살펴보자.

매수과정

지지선 확인

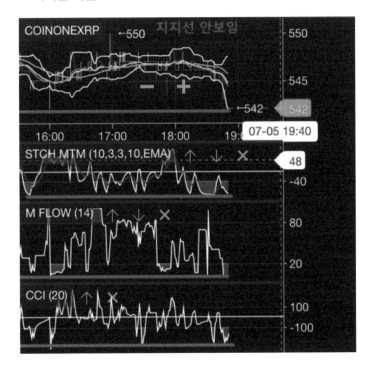

가장 먼저 할 일은 '어디까지 내리는 지' 보는 것이다. 1분봉에서 지지선을 확인했지만 보이지 않는다. 이 때 봉을 넓혀서 다른봉으로 확인한다.

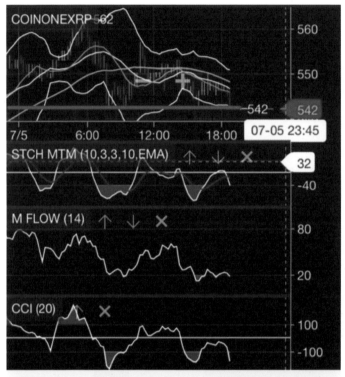

15분으로 넓혀서 보니 반복되어 가격이 지나간 구간으로 지지선임을 확인 가능하다.

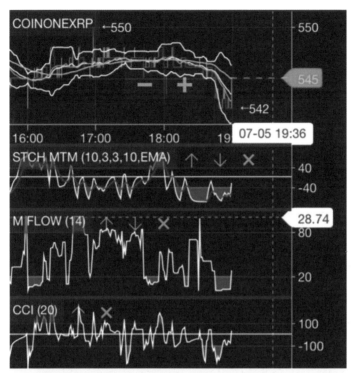

지지선을 확인한 직후 가격이 반등하였다. 이 때의 매도 목표가격은 직전 저항구
간(16시부터 18시 30분경 까지 횡보하는 구간)을 목표가격으로 정한다.

과매도

- 횡보장에서 보조지표의 과매도 값이 앞의 과매도 값만큼 내려갈 경우 매수 → 이보다 더 내려갈(더 과매도가 될) 가능성이 적음을 의미
- 1시간봉 기준 과매도 상태에서 분할매수
- 3지표 중 2지표 이상 과매도 최대값에 도달 시 매수 고려
- 횡보 또는 급락 시 적용 가능
- 봉의 아래꼬리가 보일 때 매수

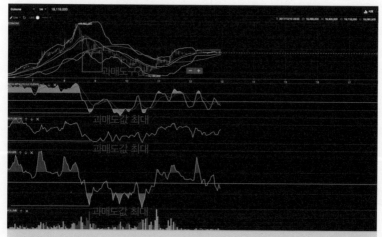

1시간봉에서 볼린저밴드 하단을 뚫고 나오는 강한 과매도상태의 가격은 직전 지지선을 고려하여 분할매수하면 반등 시 수익실현이 가능하다.

과매도 상태에서는 가격이 더 내릴까봐 매수를 망설이는 경우가 많다. 이때 보조지표들과 몇 가지 시그널은 좋은 매수 기회를 포착하게 해준다. 횡보장에서 먼저 보조지표들의 값은 가격과 별개로 특정 구간에서 과매수와 과매도를 반복한다. 이때는 매수하려는 시점 전보다 과매도 수치를 본다. 직전 최대과매도 값만큼 보조지표의 과매도 값이 내려와 있다면 매수를 고려한다.

과매도 값이 직전 최대치에 근접했다는 것은 더 과매도가 되기 힘들다는 것을 의미한다. 따라서 지지선을 체크하며 분할매수를 고려한다. 특히 1시간봉 이상의 긴 차트 범위에서의 볼린저밴드를 뚫고 내려오는 강한 과매도는 좋은 매수 타이밍이 된다. 이때에는 지지선을 체크하고 분할매수를 하여 반등할 때 매도한다.

STCH MTM, CCI, MFI 지표 중 2지표 이상에서 과매도 최대값 도달 시 매수고려하며, 이 매수방법은 가격이 3%~5%의 횡보 또는 급락 시 적용가능하다. 그리고 최종 매수 타이밍은 15분 이상의 봉에서 아래꼬리가 보일 때 매수하는 것을 목표로 한다.

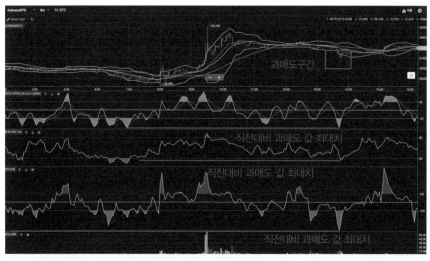

각 지표들의 과매도 수치 값이 비슷할 때 매수시그널을 확인할 수 있다.

다이버전스(divergence)는 주식과 암호화폐 차트에서 가격과 지표가 반대로 움직이는 것을 말한다. 아래 그림은 가격 상승이 예상되는 다이버전스의 예시들이다. 일반 강세 다이버전스(regular bullish divergence)는 추세전환을 나타낸다. 히든 강세 다이버전스(hidden bullish divergence)는 추가상승을 나타내고 일반 강세 다이버전스보다 더 강한 추세를 나타낸다.

내가 매수할 때 주로 확인하는 과장 강세 다이버전스(exaggerated bullish)는 가격이 떨어지는 하락장에서 저점을 높인다. 이때 지표의 저점도 높아지면서, 가파른 상승전환이 나타나게 된다. CCI, STCH MTM, MFI 중 두 지표 이상 과장 강세 다이버전스가 나타날 경우 매수를 고려한다. 차트상에서 1분봉,

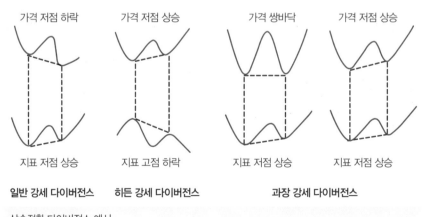

상승전환 다이버전스 예시

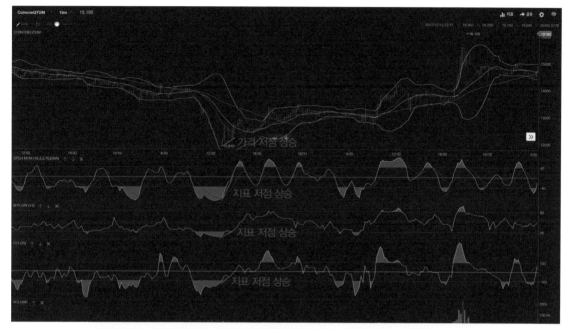

세 지표 모두 저점이 높아지는 과장강세 다이버전스를 보이고 있다. 그러므로 매수한다.

15분봉, 1시간봉이 모두 과장강세 다이버전스를 보일수록 강한 추세전환을 기대할 수 있다. 1분봉에서만 다이버전스가 나타날 경우 일시 반등만 기대하고 낮은 목표가로 매도한다.

이러한 일반강세 다이버전스를 활용한 매매에서 프리미엄이 과한 경우 (30%이상, '17년 6월, '17년 12월) 전저점이 이탈되며 적용이 어려울 수 있으니 유의하자.

• 스토캐스틱 모멘텀의 골든크로스 시 매수

골든크로스는 주식에서 쓰이는 상승추세전환 신호이다. %D(장기이동평균선, 주로 차트상 빨간 선)선이 %K(단기이동평균선, 주로 하얀 선 또는 검은 선)선을 교차하며 오르는 시점을 골든크로스라 한다. 골든크로스는 좋은 매수시그널이 된다. 골든크로스를 활용하는 대표적인 지표는 MACD 지표와 스토캐스틱 모멘텀 인덱스 지표인데, 사이클이 짧은 코인판에서는 MACD보다 스토캐스틱 모멘텀 인덱스 지표가 시장반응이 빠르므로. 스토캐스틱 모멘텀 인덱스를 활용한다.

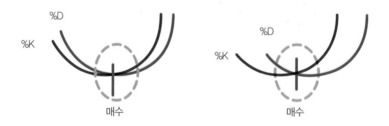

골든크로스의 매수 타이밍

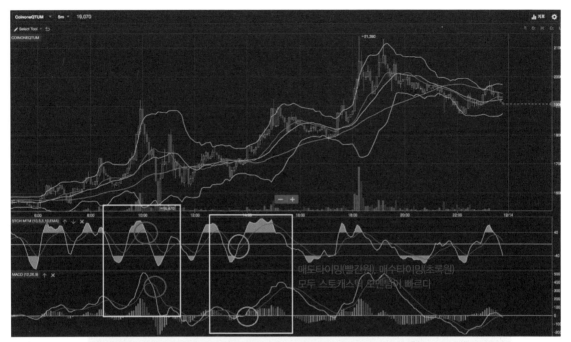

매도타이밍(빨간원), 매수타이밍(초록원)
모두 스토캐스틱 모멘텀이 빠르다

스토캐스틱 모멘텀과 MACD의 골든크로스 매수, 데드크로스 매도 시점 비교. MACD보다 스토캐스틱
모멘텀이 시장에 빨리 반응한다.

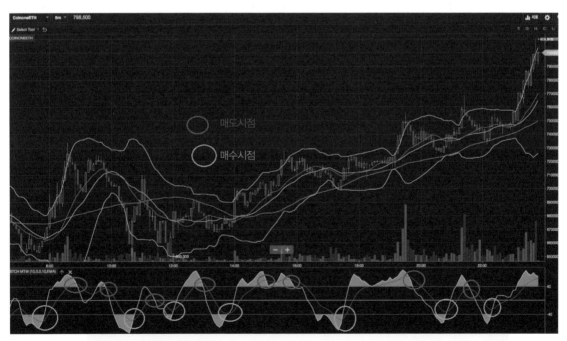

스토캐스틱 매도 · 매수 시점

하락추세선 상향 이탈
• 하락추세선을 상향 이탈 후 W형으로 반등 시 매수

하락추세선을 상향 이탈하는 경우 매수시그널이 된다. 이때 하락추세선을 이탈하고 쌍바닥을 형성하며 다이버전스를 나타내면 좋은 매수시그널이 된다.

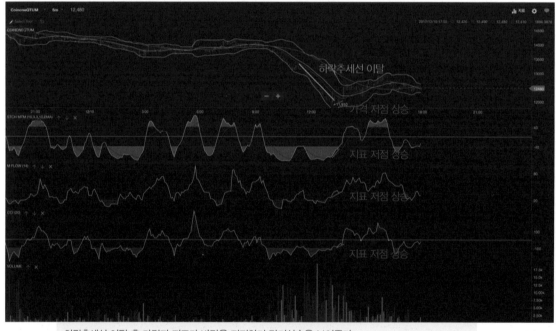

하락추세선 이탈 후 가격과 지표가 바닥을 지지하며 단기상승을 보여준다.

매수시그널을 활용하는 순서는 다음과 같다.
① 지지선 확인 ② 하락추세선 이탈 확인 ③ W형 다이버전스 확인(전저점 지지) ④ 스토캐스틱 모멘텀 골든크로스 확인 시 매수 ⑤ 저항선 가격 약간

아래를 목표로 분할매도

　매수시그널을 확인할 때 가장 중요한 것은 지지선의 확인이다. 이후 추세선 이탈, 다이버전스 확인, 골든크로스가 순서대로 확인되면 가장 좋은 매수시그널이 된다. 하지만 단기거래 할 경우 추세선 이탈, 다이버전스 확인, 골든크로스 중 한두 가지만 확인해도 좋은 매수타이밍이 될 수 있다. 위의 차트에서 확인할 수 있다. 매수를 저점으로 했다면 이제 언제 팔아야 할지 다음 장에서 알아보자.

05

매도시그널

감정이 마비될 때 수익을 실현하는 고점 매도 전략

매도시그널

• 변형 추세추종 매도 : 저항선을 활용한 매수
• 보조지표 수치를 활용한 매도 : 과매수 수치의 최대치를 활용한 매도
• 일반강세 다이버전스 활용한 매도 : 매수보다는 확증이 약함
• 데드크로스
• 상승추세선 하향이탈
• 제일 중요한 것은 전고점(저항선) 돌파 실패

매도 방법은 매수와 반대 케이스인데 이 중 다이버전스를 활용한 매매는 매수가 훨씬 더 강한 확증을 보여준다. 암호화폐 시장 규모가 아직 작기 때문에 하락추세전환 다이버전스를 보임에도 강한 매수세로 오르는 경우가 있다.

따라서 제일 중요한 것은 전고점을 계속해서 돌파하지 못하는 경우에 매도하는 것이 중요하다. 또한 많은 투자자들이 실수하는 것은 매도와 동시에 아래 가격에서 살 수 있는지 염두하지 않는 것이다. 매도 후 방치 했을 때 가격이 급등하면 아쉬워하는 자신을 보게 될 것이다. 따라서 매도를 고려함과 동시에 다음 매수구간을 파악해보자.

저항선을 활용한 변형추세추종매도
- 제일 중요한 방법
- 저항선을 활용한 매도방법
- 초보일수록 분할매도 할 것
- 저항선을 2회 이상 돌파 실패 시 최종매도
- 상승추세선 이탈 시에도 매도
- 봉의 아래꼬리 출현시 매수 고려

매수 때와는 반대로 판단하면 된다. 이 방법은 매도에 있어서 가장 중요하면서 쉬운 방법이다. 저항선을 넘지 못하는 경우에 매도하는 것인데 나는 한 번이라도 넘지 못하는 경우에 과감하게 매도한다. 그 이후 다시 더 오르면 저항선을 상향돌파 할 때 매수하는 것이 정석이다. 아래의 매도 예시를 통해 확인해보자. 앞의 매수 과정과 이어진다.

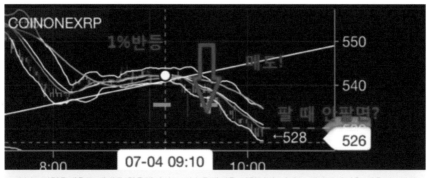

매수는 변형추세추종 매매를 활용했더라도 상승추세선을 하향이탈 시에도 매도타이밍을 잡을 수 있다. 유연하게 생각하자.

과매수
- 1시간봉 이상 과매수 수치가 직전 전고점에 도달 시 매도고려
- 횡보 또는 급등 시 활용
- 3지표 중 2지표 이상 직전 전고점에 도달 시 매도 고려
- 봉의 윗꼬리 출현 시 매도 고려

　저점 매수도 중요하지만 더 중요한 것은 매도시기다. 매도를 할 경우 바로 수익률과 직결되기 때문이다. 먼저 차트로 접근하면 과매수 상태일 때 매도하는 것은 누구나 알 것이다. 나는 과매수 직전 값을 보고 매도 시점을 판단한다. 특히 과열 양상 시 1시간봉 상으로 과매수 값은 좋은 매도시그널이 된다.

　과매수를 이용한 매도는 가격이 횡보하거나 급등 시에 더 활용하기 좋다. 마찬가지로 STCH MTM, CCI, MFI 중 2지표 이상에서 과매수 수치가 전고점

에 도달 시 매도를 고려하며 15분봉 이상에서 윗꼬리가 출현 시 매도를 고려한다. 이 매도 방법을 사용하는 경우에는 대부분 가격이 볼린저밴드의 상단 밴드를 상회할 때 사용하기 좋다. 과매수 수치나 과매도 수치를 이용한 매매 방법은 변형추세추종 매매에서 조금 더 과열됐을 때 배팅을 하는 것이다. 예상치 못한 상황이 발생될 것을 대비하여 항상 매수/매도/손절가를 염두하며 매매하는 것이 중요하다.

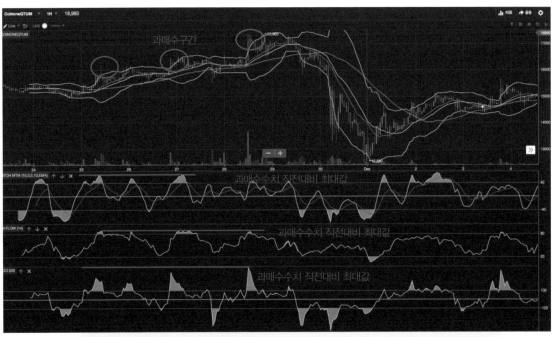

매도시그널 1시간봉 기준 볼린저밴드를 뚫고 오르는 과매수 상태와 지표 과매수 수치가 기존대비 전고점에 근접하면 좋은 매도시그널이 된다.

다이버전스, 머리어깨형(M형), 상승추세선 이탈, 지표 꺾임
- 보조지표가 다이버전스가 나올 경우 분할매도 후,
  상향추세선 이탈 시 매도
- 전고점을 돌파하지 못하고 주저앉는 M형 또는 머리어깨형 패턴 확인 시
  과감히 매도
- 차트의 저점과 저점을 잇는 상승추세선 이탈 시 매도
- 지표 꺾일 시 매도

다이버전스(Divergence)란 앞서 말했던 매수시그널의 다이버전스와 같은 개념이다. 가격이 오르는데 지표가 떨어질 경우 혹은 가격은 내려가는데 지표는 오를 경우를 다이버전스라 한다. 일반 약세다이버전스와 과장 약세 다이버전스는 상승에서 하락추세 전환을 암시하고, 히든 약세 다이버전스는 하락추세가 지속됨을 알려준다. 자주 사용하는, 매도 시 주로 확인하는 약세다이버전스(bearish divergence)는 가격의 고점은 상승하는데 지표의 고점은 낮아지는 특징을 보인다.

하지만 코인판에서 매수시그널보다는 확률이 떨어진다. 전고점에 다가갈 경우 투자자들의 '기대심리'가 붙기 때문이다. 이에 안정적인 투자를 위해서는 전고점을 넘는지 확인하는 것이 더 중요하다.

앞서 설명한 차트 패턴 중 하나인 머리어깨형과 M형은 좋은 매도시그널이 된다. 상승추세선 이탈 시 매도는 주식에서 정석과 같은데 코인판에서도 역시 적용된다. 다만 단순 추세선 이탈만으로 거래할 경우 수익률이 적다. 지표의 꺾임은 좋은 매도시그널이 된다. 보조지표들 중 2개 이상 지표가 고점을 찍고 아래로 꺾이는 경우 매도를 고려하자.

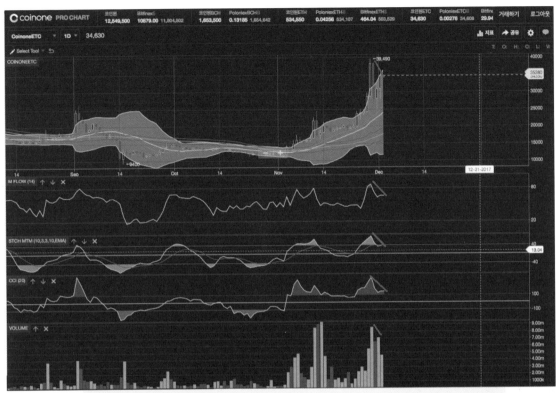

차트에서 가격은 천장이 낮아지고 있고, STCH MTM, CCI, MFLOW(MFI) 그리고 거래량이 하락하는 과장
약세 다이버전스를 보이고 있다.

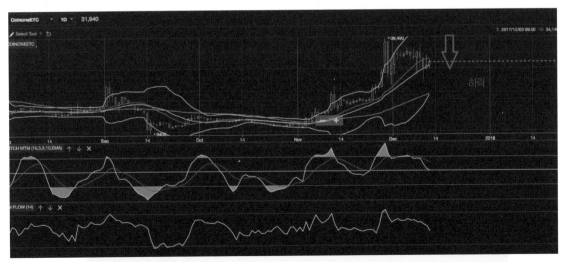

그 결과 가격은 하락했다.

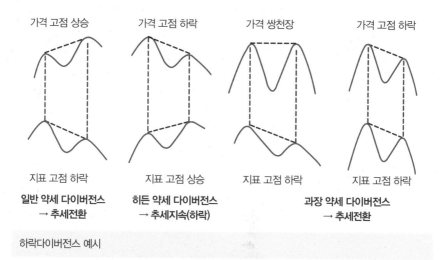

가격 고점 상승	가격 고점 하락	가격 쌍천장	가격 고점 하락
지표 고점 하락	지표 고점 상승	지표 고점 하락	지표 고점 하락
일반 약세 다이버전스 **→ 추세전환**	**히든 약세 다이버전스** **→ 추세지속(하락)**	**과장 약세 다이버전스** **→ 추세전환**	

하락다이버전스 예시

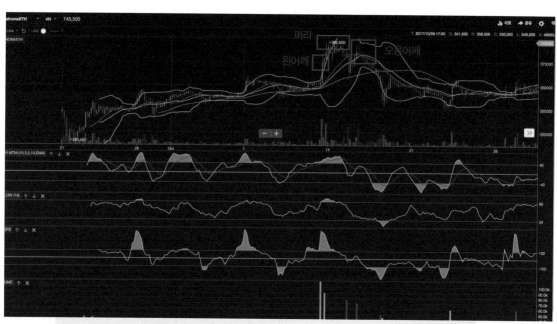

머리어깨형. 역시 전고점을 돌파하지 못하는 공통점이 있다.

데드크로스

• STCH MTM INDEX의 데드크로스 시 매도

데드크로스는 주식에서 쓰이는 하향추세전환 신호이다. %K선이 %D선을
교차하며 하락하는 시점을 뜻하는데, 좋은 매도시그널이 된다. 역시 MACD

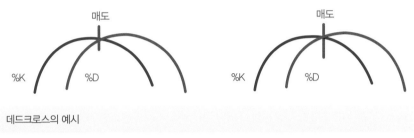

데드크로스의 예시

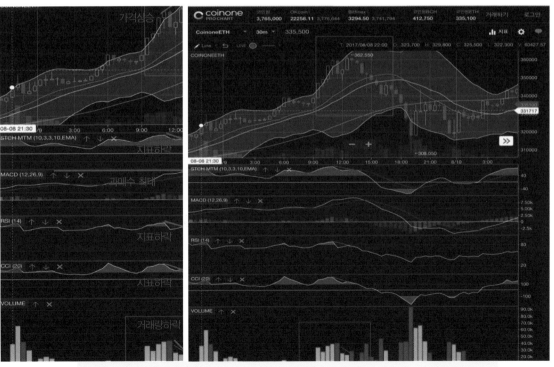

다이버전스 예시. 이더리움 30분봉 차트, 가격은 상승하지만 STCH MTM, RSI, CCI 거래량은 하락하는
일반 약세 다이버전스를 나타낸다.

보다 STCH MTM의 추세 반영이 빠른 편이므로 STCH MTM을 활용한다.

가격의 저점과 저점을 잇는 선을 상승추세선이라 한다. 투자자별로 상승추세선의 기울기는 약간씩 달라질 수 있다. 보조지표를 활용하지 않고 단순히 상승추세선 이탈 매도로 거래할 경우 높은 수익을 기대하기 어렵기 때문에 참고용으로 판단한다.

매도시그널을 요약하면
① 가격의 저항선 확인 후 전고점 돌파 여부 확인
② 하락추세선 이탈 확인
③ 다이버전스, 지표 꺾임, 데드크로스, 1시간봉 이상 차트에서 과매수 확인
③에서 한 가지 항목 이상 확인될 경우 매도를 고려한다.

뉴스 및 예고된 호재
- 실시간검색어에 뜰 경우 과열 확인 후 매도
- 트위터에 개발자가 코인에 대해 부정적 발언을 할 경우 즉시 매도
- 컨퍼런스, 밋업(Meet up), 인터뷰는 전날 안전하게 매도

최근 암호화폐에 관심이 많아지면서 등락이 크면(특히 오를 때) 암호화폐가 실시간검색어에 올라오는 경우가 많다. 이때 가격이 과열되고 내리는 패턴이 반복되어왔다. 반대로 최근 9~10월 북핵 문제가 이슈였을 때는 북한이 미

사일을 쏘자마자 일본인들이 비트코인 매수를 주도하여 급등하기도 했다. 암호화폐의 공식 정보처가 대부분 트위터에 집중되어 있는데, 시가총액이 높은 이더리움, 비트코인캐시, 라이트코인 등 개발자들의 한마디에 가격이 급락하는 경우가 많다. 따라서 개발자들이 의미 없이 던지는 트위터라도 가격에는 악재로 작용할 수 있음을 기억하자.

코인 호재의 대표 격인 컨퍼런스는 빠르면 약 2~3주부터 대하락장일 때는 1~2시간 전에 가격반영이 된다. 이때 컨퍼런스 직전 각종 소문이 유포되며 컨퍼런스 직전 가격 기대감이 최고조에 이른다. 하지만 컨퍼런스 직후 대부분 소문에 의해 형성된 기대치가 빠지면서 폭락을 해왔다. 지금까지 한 번도 컨퍼런스 당일에 전고점(신고점)을 돌파하여 상승한 사례는 없었다. 따라서 컨퍼런스 전날에는 매도를 하는 것이 안전한 매도 시기이다.

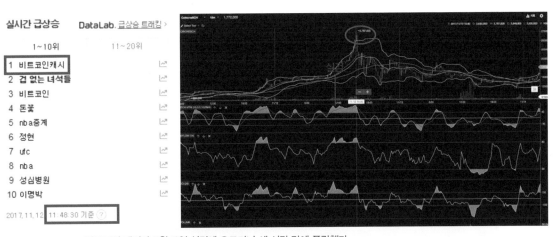

비트코인 캐시가 11월 12일 실검에 오르더니 세 시간 만에 폭락했다.

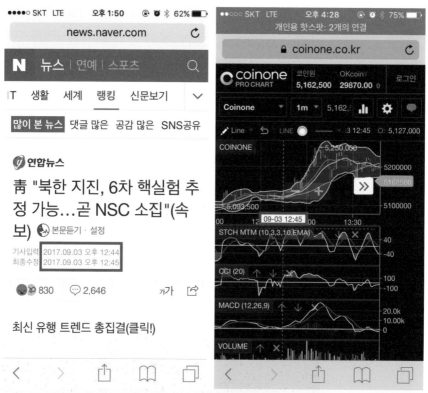

2017년 9월 3일, 북핵 관련 이슈가 발생하더니 비트코인이 폭등했다.

기타
- 커뮤니티에 낙관론이 지배적일 때(일명 행복회로) 매도 준비
- 펌핑방 시그널이 메신저에 유포될 때 매도
- 비트코인이 해외 거래소(Bitfinex,Bitflyer) 기준 3분 이내 1,000개 단위 이상 매도 시 매도

코인판에서 신규자금의 유입 또는 규제완화로 시가총액이 오르며 코인들이 돌아가면서 상승하는 경우가 있다. 주로 커뮤니티에서 낙관론이 지배하게 되는데, 이때에는 이미 오른 코인에서 기존의 상승률을 기대하기 힘들다. 때문에 매도를 준비하는 것이 현명하다.

펌핑방(가격을 올리기 위해 모인 단톡방)에서 매수시그널이 보인다면 펌핑방의 투자자들은 이미 저점매수를 한 상태다. 뒤늦게 추격매수 할 경우 상투를 잡을 위험이 있다. 펌핑방들의 시그널이 메신저나 커뮤니티에 유포된다면 매도하는 것이 안전하다. 비트코인은 해외 거래소에서 기축통화 역할을 한다. 비트코인이 거래량을 동반한 급락을 보이면 알트코인 투자자들은 즉시 매도해야 한다.

06

마진거래 및 손절

진입 타이밍

- 피보나치와 지지선, 저항선을 활용한 진입

- 컨퍼런스(호재) 당일 공매도 진입

- 알트코인의 경우 비트코인 급등(락) 시작 시 공매도 진입

- 컨퍼런스(호재) 1~2일 전 안정적 상승(저점이 높아지는) 시 공매수 진입

- 1시간 혹은 일봉 과매수·과매도 시 공매도·공매수 진입

- 마진 거래는 현재(2018년 1월) 거래가 중단되어 있다. 이 책에서는 정보전달 목적으로 소개하는 것일 뿐, 마진거래를 추천하지 않는다. 차후 관련 법 제정에 따라 문제의 소지가 있을 수 있으므로 유의해야 한다.

- 펀딩피 시간을 확인하자

마진거래는 주식의 신용거래와 같다. 자신이 운용할 수 있는 금액보다 더 큰 레버리지를 활용하여 거래할 수 있기 때문에 더 많은 수익을 기대할 수 있다. 반대로 잃을 경우 레버리지만큼의 손해를 입을 수도 있다. 초보투자자의 경우에는 일반거래 위주의 거래를 추천한다. 국내 거래소는 현재 마진거래가 법적으로 할 수 있는지 논란이 되고 있다. 따라서 이 책에는 정보전달의 의미로 제공할 뿐 마진거래를 추천하는 것은 아니다.

마진거래는 공매도, 공매수로 나뉜다. 공매도란 레버리지(비트맥스: 최대 100배)로 먼저 코인을 팔고 나중에 코인을 사는 거래이다. 가격 이 내릴 것으로 예측될 때 이용한다. 공매수는 먼저 코인을 레버리지로 사고 나중에 코인을 판다. 가격이 오를 것으로 예측될 때 이용한다.

마진거래는 수수료의 금액이 큰 편이다. 무엇보다 마진콜을 주의해야 한다. 마진콜이란 마진거래로 인한 원금 이상의 손실이 날 경우 투자자에게 돈

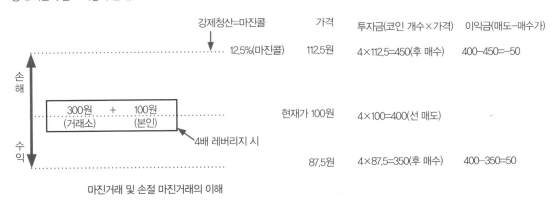

공매도(먼저 팔고 나중에 산다)

마진거래 및 손절 마진거래의 이해

을 받을 방법이 없는 거래소가 강제로 시장가로 청산하는 것을 말한다. 해외 사이트 비트맥스는 마진 레버리지를 100배까지 조정할 수 있다. 대신 손해율이 원금의 100%가 될 경우 마진콜된다. 쉽게 말해 100배 레버리지로 공매수를 할 경우 1%만 가격이 내려도 마진콜을 당하고 이때 원금의 100%가 사라진다. 따라서 자신 있는 투자자가 아니라면 마진거래를 주의해야 한다. 마진거래 시에는 펀딩피 제공 시간을 기억하면 좋다. 펀딩피란 공매수/공매도 비율 중 펀딩피 제공 시간 정각에 상대적으로 적은 비중의 포지션을 유지하고 있으면 수수료를 받는 개념이다. 한국기준 매일 AM 5시, PM 1시, PM 9시에 3번 펀딩피가 제공된다.

앞서 설명한 것처럼(116쪽) 피보나치의 원리를 이용하여 가격 되돌림 범위를 확인하고 지지선, 저항선을 확인하여 진입한다. 마진거래 중 가장 매력적인 진입 타이밍은 컨퍼런스 당일 공매도 진입이다. 앞서 이야기했지만, 암호화폐 역사상 아직 단 한 번도 컨퍼런스 당일의 가격이 전고점을 뚫은 적이 없다.

비트코인의 3~4% 이상 급등, 급락 시 마진거래 진입 시점으로 좋다. 마진 매수의 진입은 호재 1~2일 전이 적합하다. 2017년 9~11월은 호재 선반영이 트렌드로 호재라고 여기고 미리 매집한 투자자들이 마음을 졸였다. 따라서 투자하는 동안 이러한 트렌드도 확인해야 안정적으로 공매수 진입을 할 수 있다. 단타의 경우 1시간봉 혹은 일봉 수준의 과매수·과매도가 포착될 때 공매도·공매수 진입을 고려한다.

앞서 말했듯이 마진거래는 유의해야 한다(141쪽 참조).

　　랜딩(Lending) 또는 펀딩(Funding)이란 투자자가 가진 암호화폐를 마진거래 하는 다른 투자자에게 빌려주고 이자를 받는 시스템이다. 미국 폴로닉스(Poloniex) 사이트에서는 랜딩(Lending)이라 하고, 홍콩 비트파이넥스(Bitfinex) 사이트에서는 펀딩(Funding)이라 부르는데 뜻은 똑같다. 마진거래를 하는 해외 투자자는 거래소보다 낮은 이율로 암호화폐를 빌릴 수 있다. 단기매매가 어려운 투자자의 경우 빌려주는 것으로 안정적으로 수익을 낼 수 있어 유리하다. 펀딩 기간은 한 달 내외로 설정이 가능하고 소액으로 입금 시 수수료가 부과된다.

	폴로닉스(Poloniex)	비트파이넥스(Bitfinex)
명칭	랜딩(Lending)	펀딩(Funding)
수익금 지급	청산 시 지급	매일 00:00시(GMT기준)
수수료	수익의 15%	
청산	투자자만 중간청산가능	

같은 시스템이지만 부르는 명칭은 다르다.

진입 및 준비사항

- 횡보 시 등락폭 수수료 이상 수익을 실현할 수 있는지 확인
- 공매도의 경우 튀어오를 때(급상승) 진입
- 공매도의 수량을 위에서 걸어둘 것(수량 미리 확보)
- 강제청산일까지 버틸 수 있는지 확인할 것
- 강제청산일까지 버틸 수 있으면 증거금을 넣어 추가로 공매도 걸 것
- 공매수는 일반적인 매수 타이밍에 진입해도 좋음
- 공매도는 저항선 기준으로 과매수가 좀 더 나올 것을 고려하여 가격이
  위로 갈수록 수량이 많아지는 역피라미드 형으로 수량을 걸어둘 것
- 공매도 시 위로 상승할 경우
  ① 손절하기 → 가격이 천천히 우상향
  ② 위에서 추가로 공매도 잡아서 물타기 → 호재 없는 급등
  ③ 증거금 추가하기 → 컨퍼런스 등 호재 직전 미리 공매도 시
- 손절가를 꼭 정해둘 것. 해외 거래소 코인 저항선을 손절가로 잡음

마진거래는 수수료가 일반거래보다 많이 책정되기 때문에 등락폭이 적은 횡보장에서는 손해를 볼 수 있다. 한국 거래소에서는 공매도, 공매수 수량이 한정되어 있다. 때문에 모두가 하락을 예상할 때는 공매도를 잡기 힘들지만, 급등할 때에는 공매도를 청산하는 투자자가 많아 물량이 넉넉해진다. 이때 진입한다.

한국 거래소에서는 마진거래가 일주일 뒤 시장가로 강제청산되고, 해외 거래소는 수수료가 시간이 지날수록 오른다. 이를 감안해서 한국 거래소와 마진거래할 때는 강제청산일과 호재 일시를 꼼꼼하게 확인해야 한다. 강제청산일이 호재가 반영되는 날짜보다 빠르면 가격하락 직전 손해를 입을 수 있다는 것을 명심하자.

공매도는 한 번에 많은 물량을 체결할 경우 심리적으로 크게 흔들릴 수 있

다. 때문에 높은 가격일수록 체결물량을 많이 걸어두는 '역피라미드'형이 가장 좋은 방법이다. 나는 그동안 공매도를 하며 여러 방법을 연구했는데, 역피라미드형이 심리적으로 가장 편안했고 결과도 좋았다.

공매도를 할 때 가격이 급등하면 '손절해야 하나?' 하는 생각이 들 것이다. 이때 판단의 기준을 설정한 저항선에 둔다. 해외 거래소의 차트 특성상 가격이 선행하므로 해외 거래소의 저항선을 참고하는 것이 좋다. 이때에도 프리미엄을 확인해서 저항선을 참고하자.

유의사항
- 손절가는 본인이 감당이 가능한 정도에서 과감히 손절
- "처음 본 이익이 최대 이익이다"
- 하락할 경우 프리미엄으로 버티기도 한다. 이때 프리미엄이 꺼지면 낙폭이 커지지만, 호재를 며칠 남겨둔 코인의 경우 프리미엄으로 버티다가 상승을 주도할 수 있으므로 손절을 고려

마진거래는 큰 상승·하락을 기대하고 진입하는 특성이 있다. 거래창에서 이익률은 순간 최대치를 찍고 다시 떨어질 수도 있고, 진입 시기가 안 좋은 경우 마이너스 이익률을 볼 수도 있다. 때문에 급등·급락할 때 마진거래는 '적당히' 이익을 내는 것을 목표로 삼아야 한다.

특히 급등·급락할 때에는 호가창이 비어 있어 많은 물량을 거래하는 투자자는 원하는 가격에 팔기가 힘들다. 때문에 미리 가격을 정해두어야 한다. 하락장에서 공매도 진입 시 해외가격에 비해 거래하는 코인의 가격이 유지되어 프리미엄을 형성하는 경우가 있다. 호재를 앞둔 코인은 대부분 프리미엄으로 버티다가 상승하게 된다. 때문에 포지션 변경을 고려한다.

손절
- 일반거래의 경우 다음날 복구할 수 있는 정도로 손절가를 잡는다
- 손절은 반등이 올 때까지 기다려야 하지만 거래하는 코인이
  반등 없이 오를 경우 손절가를 짧게 잡고 거래한다
- 내가 매도하는 가격은 누군가가 사는 가격임을 생각하고 손절

마진거래는 수수료도 높고 이익·손해가 크기 때문에 손해구간에 들어가게
되었을 때 심리적·정신적으로 흔들리지 않는 범위에서 과감하게 손절할 줄
알아야 한다. 물론 매수·매도시그널을 확인하고 내가 파는 가격이 누군가 사
는 가격임을 명심하고 손절해야 한다. 손절은 반드시 반등이 올 때까지 기다
렸다 하는 것이 좋다. 정신적인 충격의 여파로 패닉셀을 하고 나면 여지없이
반등을 경험하게 된다. 대하락장에서도 반등이 동반되면서 떨어진다. 반등이
오는 순간에 손절하는 원칙을 지키는 것이 손해를 최소화하는 방법이다.

급락은

반등 후 팔재!

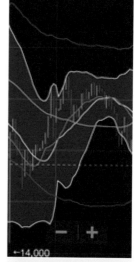

반등을 부른다.

차트예제 1, 2

차트예제 1

Q. 다음은 Bitfinex 거래소의 비트코인 1분봉 그래프이다. 비트코인을 매수한 포지션이다. 현재 시점은 매도 타이밍일까, 홀딩 타이밍일까?

(전제조건: 타 거래소 비트코인 및 알트코인의 가격이 큰 등락 없음. 호재나 악재 없음.)

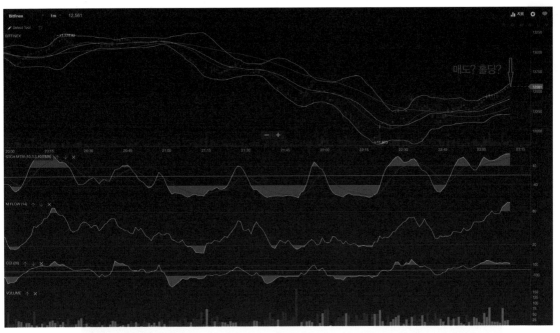

Bitfinex 비트코인 1분봉

① 매도 타이밍 ② 홀딩 타이밍

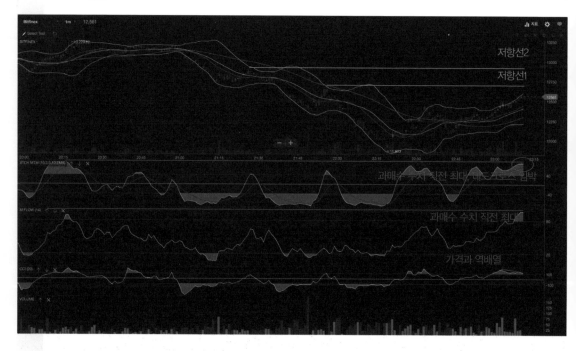

　가격이 상승 중이므로 저항선을 확인한다. 저항선1에 아직 도달하지 않았으므로 저항선만 기준으로 본다면 상승여력이 남아 있다. 하지만 STCH MTM 지표에서는 과매수 수치가 최대값을 나타낸다. 또한 데드크로스가 임박했다. MFLOW(MFI) 지표 역시 과매수 수치가 최대치를 나타낸다. 가격은 오르는데 CCI 지표는 고점이 낮아지는 다이버전스(역배열)을 나타낸다. 따라서 곧 가격이 꺾일 것을 암시하고 있다. 결과를 확인해보자.

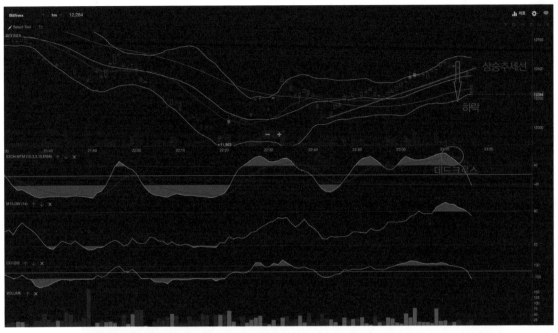

상승추세선 이탈, 데드크로스를 나타내며 하락했다.

차트예제 2

Q. 다음은 아이오타코인의 1분봉 그래프이다. 현재 시점은 매수 타이밍일까, 관망 타이밍일까?

(전제조건: 비트코인 및 알트코인 가격 큰 등락 없음. 호재나 악재 없음.)

① 매수 타이밍 ② 관망 타이밍

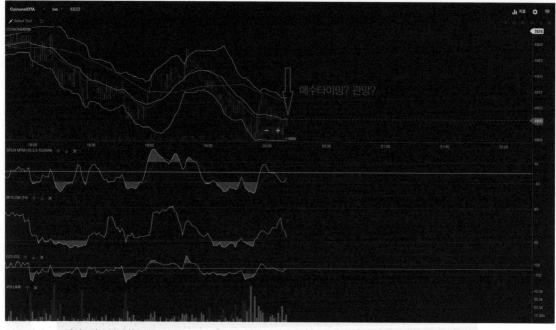

매수타이밍? 관망?

아이오타코인 1분봉

해설

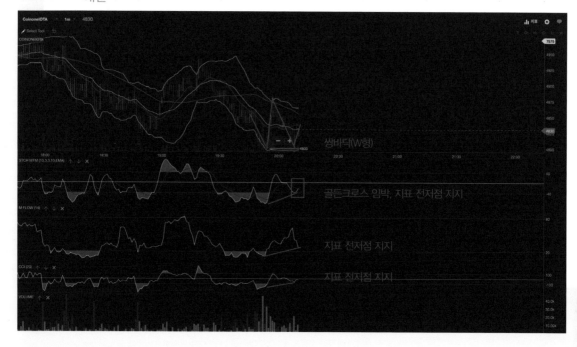

쌍바닥(W형)

골든크로스 임박, 지표 전저점 지지

지표 전저점 지지

지표 전저점 지지

먼저 지지점을 확인해야 하지만 위 차트에서는 확인할 수 없다. 차트 안에서 기준으로 판단하면 4,800원에서 쌍바닥을 형성하고 있다. 그리고 STCH MTM 지표는 골든크로스가 임박했으며 3지표(STCH MTM, CCI, MFLOW) 모두 전저점을 지지하고 있다 따라서 매수 타이밍임을 알 수 있다. 아래 결과를 확인해보자.

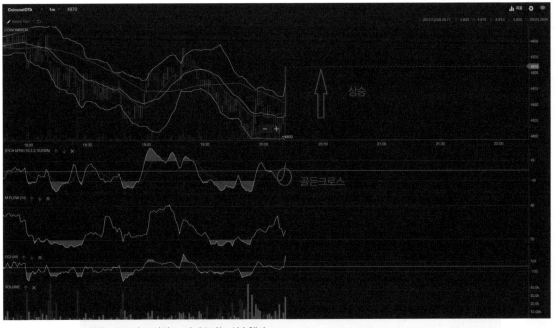

골든크로스가 그려졌고, 아이오타는 상승했다.

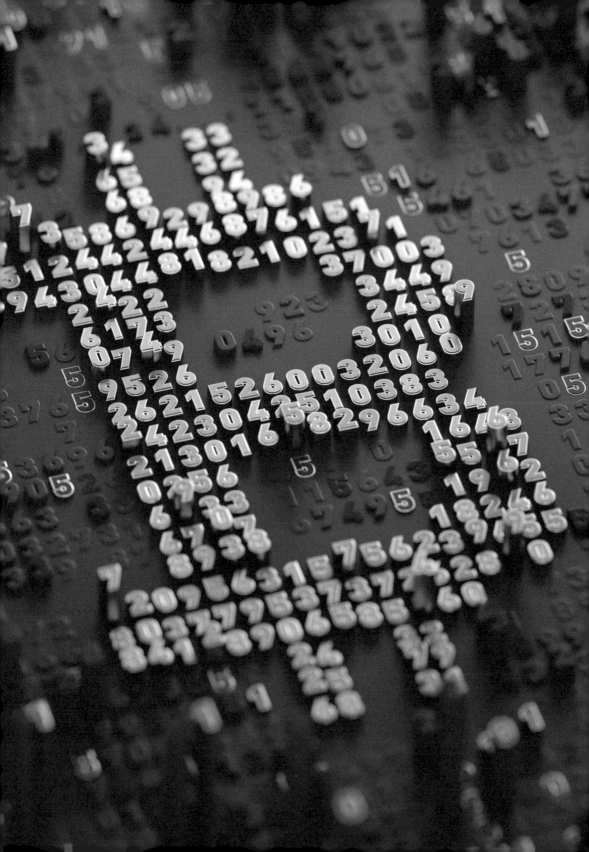

Chapter
04

암호화폐 거래전략

뉴스와 SNS 등에서 호재·악재 등을 파악하고 대응하는 법,

상승장과 하락장에서의 매수, 매도시그널 파악법

그리고 당신 스스로를 지켜줄 투자원칙 등

오랫동안 고수익을 올리기 위한 전략을 담았다.

01

거래 방법
은행업무보다 쉬운 거래방법

거래절차
- 국내 거래소: 회원가입→인증(핸드폰, 계좌, OTP)
  →가상계좌발급→입금→거래
- 해외 거래소: 가입→인증(위와 동일)→암호화폐 입금→거래

모든 암호화폐 거래소의 거래 절차는 똑같다. 가입 후 여러 인증을 거친 뒤 계좌에 입금하고 입금한 돈으로 거래를 한다. 해외 거래소들은 해당 국가의 기축통화로 암호화폐를 구매해야 한다. 한국 국적의 투자자들은 비트코인을 한국 거래소에서 매수한 다음 해외 거래소로 전송해서 거래한다. 해외 거래소에서 거래를 한 후 돈을 인출할 때도 역시 해외 거래소에서 암호화폐를 구매하고 한국 거래소로 보내 한화로 판매하여 수익화한다.

지정가(시장가)로 수량을 정해서 체결

- 거래수수료는 보통 지정가가 저렴하므로 지지선, 저항선을 확인하고 지정가로 거래하는 것이 원칙
- 급등·급락할 때 단기 반등을 위해 매수하거나 빠른 손절이 필요할 때에는 시장가 매매
- 해외 거래소에서 거래할 때 Stop-loss 거래기능을 활용한다

수수료는 거래소마다 다르다. 거래소 대부분이 시장거래가가 수수료보다 더 높다. 시장가거래는 미리 호가창에 가격을 걸어두는 것이 아니라 현재 거래되는 가격으로 바로 매수·매도하는 방법이다. 시장가 매매는 급등·급락할 때 지정가로 걸어두면 체결이 안 될 때 유용하다. 빠르게 손절·익절하는 경우에도 마찬가지로 시장가로 거래하는 것이 좋다. 해외 거래소(Bittrex, Poloniex, Bitfinex 등)들은 Stop-Loss 거래 방법을 지원하는데 이를 이용하면 해당 암호화폐가 원하는 가격에 도달 시 매수·매도할 수 있어 유용하다.

매수	매도
주문유형	지정가 주문
주문수량	380.2681 최대
주문가격	15,400 ∧ ∨
주문금액	5,856,128 KRW
수수료 (약 0.06%) ❶	0.22816086 QTUM
총 매수량 (약)	380.03993914 QTUM
지정가 매수	

지정가 매수의 예

TRADING

비트렉스 호가창

비트렉스 스탑오더(Stop-order)

- 특정 가격에 도달 시 매수·매도하는 방법으로 차트를 보고 있지
  않아도 목표가격에 도착했을 때 매수·매도하여 필요 시 익절하거나
  손절하여 효율적인 거래 가능

TRADING

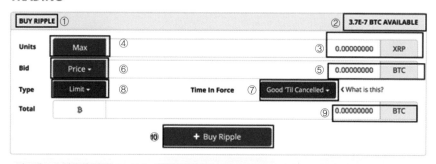

비트렉스 스탑오더 절차

① 코인명

② 매수 가능한 잔액(비트코인의 수)

③ 매수할 수량

④ 매수 가능한 최대 수량으로 설정

⑤ 매수하려는 가격(사토시 가격)

⑥ 가격 설정

- Last: 마지막 거래 가격

- Bid: 매수를 걸어둔 가격 중 제일 높은 가격=시장가로 빨리 팔고 싶을 때

- Ask: 매도를 걸어둔 가격 중 제일 낮은 가격=시장가로 빨리 사고 싶을 때

가격 설정　　　　　　스탑오더 설정

⑦ 스탑오더 설정

- 매수할 때

　　Good 'Til Cancelled: 호가창에 매도 수량이 주문한 수량보다 적을 경

우 호가창의 매도량은 모두 매수되고, 나머지 주문한 수량은 매수를 주문함.

Immediate or Cancel: 호가창에 매수 수량이 주문 수량보다 적을 경우 호가창의 매도량은 모두 매수하고 나머지 주문 수량은 매도를 주문하지 않음.

Good 'Til Cancelled: 호가창에 매수 수량이 주문 수량보다 적을 경우 호가창의 매수 수량은 모두 매도하고 나머지 주문 수량은 매도를 주문함.

Immediate or Cancel: 호가창에 매수 수량이 주문 수량보다 적을 경우 호가창의 매수 수량은 모두 매도하고 나머지 주문 수량은 매도를 주문하지 않음.

BIDS

SUM	TOTAL	SIZE (XRP)	BID (BTC)
0.0280	0.0280	799.79161684	0.00003504
0.3550	0.3270	9334.92000000	0.00003503
0.5322	0.2127	6074.32076576	0.00003502
3.0228	2.4905	71138.18308319	0.00003501
9.8999	6.9104	197440.83180647	0.00003500
9.9033	0.0034	97.96481995	0.00003499
9.9055	0.0021	60.21961635	0.00003496
10.0964	0.1909	5466.13356798	0.00003493
10.1234	0.0270	774.27874284	0.00003492
10.5750	0.4516	12940.30863206	0.00003490

221.864 BTC   7142736.452 XRP

First   Prev   **1**   2 3 4 5   Next   Last

ASKS

ASK (BTC)	SIZE (XRP)	TOTAL	SUM
0.00003509	3470.34304732	0.1218	0.1218
0.00003510	3606.63775958	0.1266	0.2484
0.00003520	2007.02085079	0.0706	0.3190
0.00003523	15254.85824577	0.5374	0.4169
0.00003524	888.00000000	0.0313	0.4482
0.00003526	3820.81866220	0.1347	0.5829
0.00003527	22336.90708507	0.7878	1.3707
0.00003528	16346.65398609	0.5767	1.9474
0.00003529	97876.52919495	3.4541	5.4015
0.00003530	44237.63747746	1.5616	6.9631

822.705 BTC   21374067.820 XRP

First   Prev   **1**   2 3 4 5   Next   Last

비트렉스(Bittrex) 호가창 예시

Good til cancel로 설정하여 매수할 경우

0.00003509사토시에 5,000개를 매수하면 5,000−1,530=3,470개가 매수 체결되고 수수료를 제외한 약 1,530개가 왼쪽의 BIDS 매수 호가창에 주문이 걸린다.

Immediate or Cancel로 설정하여 매수할 경우

0.00003509사토시에 5,000개를 매수하면 5,000−3,470=1,530개가 매수 체결되고 나머지 구매하지 못한 3,470개는 호가창에 주문이 걸리지 않고 비트코인으로 보유된다.

Limit (Default)

Conditional

스탑오더 설정2

⑧ 스탑오더 설정2

- Limit: 기본값
- Conditional: 스탑오더

Gondition ▼

None
Greater Than Or Equal To
Less Than Or Equal To

스탑오더 설정3

- None: 기본값(Limit과 같음)

- Greater Than Or Equal To(〉=): 지정한 가격 이상 시 매수·매도

- Less Than Or Equal To(〈=): 지정한 가격 이상 시 매수·매도

⑨ 매수 시 사용하는 비트코인 수량

⑩ 매수 버튼

02

투자원칙
내 돈을 지켜주는 8가지 원칙

1. 떠난 코인은 보내준다

가장 중요한 원칙이다. 욕심 때문에 급등하는 코인을 올라타는 경우가 가장 많은데, 급등 초기라면 수익을 낼 수 있지만 망설이다가 뒤늦게 타면 손실을 유발할 수 있다.

2. 오늘 수익·손실은 내일 영향을 주지 않는다

거래를 하다 보면 특정 가격이나 목표 금액에 연연하는 투자자들이 많다. 99만 원의 수익금을 벌었는데도 하루 목표로 잡은 100만 원을 채우기 위해 차트상 꺾이는 지점에서 만 원을 노리다가 오히려 이익이 줄어들게 된다. 수익금액을 목표로 잡기보다 거래할 때 차트의 가격을 목표로 삼아야 한다.

3. 투자는 내가 하는 것이다

친구의 말을 듣고, 리딩방의 리딩에 따라서, 커뮤니티의 선동에 휘둘려서 매매를 하다가 손실을 잃고 후회하는 경우가 많다. 뉴스를 찾아보고, 차트를 공부하여 후회 없는 거래를 하자.

4. 잃은 것에 연연하지 않는다

잃은 것에 집착하여 거래할 때 심리적으로 압박을 느껴 매수 타이밍에서 과감히 매수하지 못하고, 매도할 때도 제대로 결정을 내리지 못하는 이들이 많다. 심리적으로 안정을 찾기 위한 가장 좋은 방법은 코인을 잠시 내려놓고 취미를 즐기거나 휴식을 취하는 것이다. 나도 뜻대로 풀리지 않는 날에는 과감하게 거래를 접고 복기하거나 아예 다음 날 거래한다.

5. 내가 사려고 하는 가격은 누군가 심리적·정신적인 충격을 받고 파는 가격이거나 비싸게 팔고 싶어 하는 가격이라는 사실을 인지한다

손절을 하거나, 상대적으로 차트상 고점인 상태에서 매수할 때 유념해야 할 중요한 항목이다. 내가 팔고 싶어 하는 코인을 누군가는 살 것이고, 내가 사려는 코인은 누군가가 그 가격에 팔고 싶어 한다는 점을 꼭 기억하자.

6. 나 자신을 믿고 시그널 시에는 과감히 진입한다

투자자들은 모두 거래방법이 다르다. 나도 지인의 도움을 받아 암호화폐 거래를 처음 거래하게 되었지만, 공부를 하며 나만의 스타일을 만들어냈다. 이 책을 읽고 있는 독자들도 거래를 하다 보면 자신에게 맞는 방법을 찾아낼 것이다. 자신만의 시그널을 믿고 과감히 매수·매도해야 조금이라도 저점에서 사고, 고점에서 팔 수 있을 것이다.

7. 예상치 못한 변수가 발생하면 빠르게 현금화하고 다시 판단한다

암호화폐는 사이클이 짧기도 하고, 트위터나 정부 규제 등 시장에 영향을 줄 수 있는 뉴스에 민감하게 반응한다. 올라올 것이라고 예측한 코인이 떨어질 때는 손절 타이밍을 잡아 현금화하고 관망하는 유연한 자세가 필요하다. 당신이 모르는 악재가 반영된 것일 수도 있기 때문이다.

8. "지금이라도 탈까요?", "아직 호재 반영이 안 끝났나요?"라는 말들이 오면 매도할 때가 다가왔음을 생각한다

앞서 커뮤니티에서 낙관론이 퍼지면 매도시그널을 잡으라고 했다. 이와 비슷하게 개미투자자가 뒤늦게 올라타려는 심리가 반영되는 것이 포착되면 매도시기가 다가왔음을 인지해야 한다. 흔히 말하는 세력들은 개미들이 사고 싶어 하는 타이밍에 매도한다. 반대로 커뮤니티나 개미투자자들이 "망했다", "손절하고 갈아탈까" 등 부정적인 표현이 나돌면 언급되지 않은 코인을 매수하는 것을 고려할 만하다. 이때 뉴스와 차트를 분석하고 진입시기를 잘 잡으면 급격하게 오른 코인보다 더 큰 수익을 낼 가능성이 높다.

지금까지 나의 투자원칙을 알아보았다.
당신은 어떤 투자원칙을 세우고 임할지 간략히 작성해보자.

투자원칙은 매매실력이 자리잡을 때까지 계속하여 변경해야한다. 이직 등 투자환경의 변화가 생길 때에도 투자원칙을 계속해서 수정해야한다. 아래의 투자원칙 표를 작성하여 나만의 투자원칙을 만들어보자.

1. 기본 투자원칙

- –
- –
- –

2. 상황별 투자원칙

1) 시장상황별

횡보장 투자원칙 :

하락장 투자원칙 :

상승장 투자원칙 :

2) 거래가 힘들 때 투자원칙

수면 시 :

출장(여행) 시 :

3) 오답노트

매매하며 가장 많이하는 실수에 대한 원칙 :

매매하며 가장 아쉬웠던 실수에 대한 원칙 :

03

호재와 악재
당신이 돈을 잃는 이유

호재
- 컨퍼런스는 직전에 이익을 실현하는 것이 정석
- 이미 오른 것은 선반영일 가능성이 있다
- 하드포크, 소프트포크, 메인넷, 채굴량, 채산성(채굴효율성) 등은
  대표 기술적 호재
- 기업 제휴, 특정 산업분야에 적용 등은 마케팅적 호재
- 제도 완화, 법적 허용 등은 제도적 호재
- 골드만삭스, JP모건, 비탈릭 등 유명인물·기업의 화폐가치 평가는
  호재가 될 수 있음
- 미리 일정을 파악하기(2장 〈정보수집〉 79쪽 참조)

코인판의 대표적인 호재는 해당 코인의 컨퍼런스이다. 이더리움의 경우 개발자들이 모이는 데브콘(Devcon: Developer Conference)을 해마다 개최하고 있고, 리플코인 등 여러 코인들은 컨퍼런스를 통해 기술적이나 마케팅적인 중대 발표를 해오곤 했다. 때문에 컨퍼런스 직전 기대감이 반영되어 가격이 상승하는 경우가 많았다.

하지만 앞서 언급했듯 컨퍼런스 당일에는 여태껏 단 한 번도 신고점 또는 전고점(컨퍼런스 직전 최고가)을 갱신하여 오른 적이 없다는 점을 주목해야 한다. 나는 컨퍼런스 전 미리 매도를 추천한다.

호재를 앞두고 있는데 예상보다 먼저 오르고 있다면 선반영 되는 것으로 판단해도 무방하다. 이때에는 가격이 예상보다 빨리 떨어질 수 있다는 것을 유의한다.

코인의 대표적인 호재는 '하드포크'로 예를 들 수 있다. 하드포크는 코인을 업그레이드 하면서 아예 새로운 코인을 만들어내는 것이다. 이에 비해 소프트포크는 업그레이드만 하고 새로운 코인은 생성되지 않는다. 2017년 중·하반기 비트코인의 세그윗 및 하드포크 이슈를 대표적인 예로 들 수 있다. 비트코인의 사용자 수가 늘어나는 데 비해 처리용량이 부족해지자 개발진은 비트코인을 업그레이드 하는 것에 대해 논의했다. 코인이 처리할 수 있는 세그윗 방식이 제안되었는데, 채굴자 진영의 대표자이자 비트메인사의 우지한은 이와는 다르게 비트코인 언리미티드를 새로 만들어(하드포크 하여) 기존 비트코인을 채굴할 수 있는 방안을 주장했다. 우 대표는 채산성(채굴효율성)을 높이기 위해 일종의 편법을 비공식적으로 사용했는데, 세그윗 방식을 채택하면 이러한 편법을 사용할 수 없어 반대한 것이다. 이러한 과정에서 비트코인은 하드포크가 되어 비트코인으로부터 비트코인캐시가 나오게 되었다.

비트코인이 분할되는 것에 대한 불안감이 증폭되어 2017년 7월, 비트코인은 하락을 겪게 되었다. 이 이슈가 발생하기 전 하드포크 이슈가 악재로 여겨지기도 했다. 과거 이더리움이 이더리움클래식으로 하드포크 되면서 이더리움의 가격이 분할된 경험(이더리움 10원=이더리움 8원+이더리움클래식 2원의 형태) 때문에, 비트코인이 쪼개지면 가격이 떨어질 것이라는 우려가 있었다.

하지만 비트코인캐시가 분할이 된 후 시간이 지나고 비트코인캐시의 가격이 폭등하면서 비트코인을 보유하고 있던 투자자들은 '비트코인 가격상승+

Bitcoin Cash @BITCOINCASH · 17분 ∨
Article: bitsonline.com/bitcoin-cash-h...

Bitcoin Cash Upgrade Planned

"Come November 13, Bitcoin Cash will hard fork to make a few performance adjustments to the BCC protocol."

- BitsOnline, Oct 21

Bitsonline.com 님

비트코인캐시 하드포크 2017년 11월, 비트코인 캐시 하드포크 기대감과 원조 비트코인 논쟁으로 약 35만 원의 비트코인캐시가 278만 원까지 상승했다.

비트코인캐시 가격상승'을 누리게 되었다. 채산성이 좋은 코인이 생기면서 채굴자들은 새로운 '수익화루트'를 발견했다. 이후 투자자와 채굴자들은 하드 포크를 하나의 호재로 인식하게 되었다. 현재 비트코인은 비트코인골드, 비트코인다이아몬드 등 하드포크를 진행 중이다.

이 외에도 단순 펀딩을 통해 토큰단계에서 실제 블록체인화하여 웹상에 올리는 메인넷, 채굴량 또는 채산성을 조정하여 화폐의 가치를 올리는 것도 호재가 될 수 있다.

기업제휴 중 가장 대표적인 예시는 EEA(Ethereum Enterprise Aliance)이다. EEA는 이더리움 후원 기업 동맹의 약자로, 그동안 EEA의 발표일 직전에는 대기업과 제휴한다는 소문이 퍼지면서 기대심리로 가격이 치솟았다. 하지만 발표 당일 제휴할 거라고 기대했던 대기업이 목록에 없으면 실망매물이 쏟아지면서 가격이 폭락하는 현상이 늘 벌어졌다.

이더리움 EEA 2017년 5~6월, 두 번의 EEA의 기대감이 이더리움의 가격상승을 이끌었다.

법적인 제도 완화 또는 암호화폐의 법적 허용도 호재가 될 수 있다. 그동안 중국 정부는 암호화폐를 규제하다 풀어주는 것을 반복해왔다. 규제될 때마다 가격이 내리며 시가총액이 줄어들었고, 규제가 완화될 때마다 가격이 회복되며 시가총액이 상승해왔다.

골드만삭스, JP모건 등 유명 투자사들이나 워렌 버핏 같은 유명인이 암호화폐에 대해 긍정적인 전망을 내놓는 것도 전반적인 가격 상승을 불러올 수 있다. 트위터나 텔레그램방, 카카오톡방을 활용하면 정보를 빠르게 수집할 수 있다.

호재를 앞두고 상승이 예상되는 알트코인의 특징
- 비트코인의 등락에 영향이 적음(독자적 움직임)
- 동반 하락장에서 특정가격에서 지지함(가격방어)
- 수렴 후 상승하는 계단식 상승(안정적 상승)

내 블로그를 방문하는 방문자들은 "호재 반영되었나요?"라는 질문을 많이 한다. 일개 투자자가 그것을 절대 확인할 수 없다. 하지만 그동안 암호화폐를 거래하며 내가 발견한 알트코인만의 특성이 있다.

첫째, 알트코인은 기축통화인 비트코인의 움직임에 구애받지 않고 독자적으로 움직인다. 이때 가격이 계속해서 오르면 다른 코인들의 가격이 하락된다.

둘째, 알트코인은 일시적 조정 또는 일시적 악재상황에서 다른 코인들보다 하락폭이 적거나 지지선에서 강하게 지지한다. 투자자들은 이런 코인을 두고 "방어력이 좋다"고 표현한다.

셋째, 알트코인은 수렴 후 상승하는 계단식 상승의 특성을 보인다.

이러한 특성을 지닌 코인을 발견한다면 적극적으로 매수를 고려해보자. 특성을 파악하는 데 헷갈린다면 나의 블로그(https://blog.naver.com/skysbule)에 문의하면 판단에 도움을 주겠다.

악재

- 악재는 주로 비트코인에서 출발
- 상장폐지, 해킹, 기술적 업그레이드(호재) 지연, 유명인 부정적 발언, 국가규제 등이 주요 악재
- 뒤늦게 확인 시 반등을 기다렸다가 청산
- 해외 사이트(비트파이넥스, 비트플라이어)에서 대규모 매도가 일어날 경우 빠르게 맞춰 매도해야 함. 악재의 원인을 알고 먼저 매도하는 것일 수 있음

악재는 호재보다 찾기가 쉽지 않고, 가격에 바로 반영되는 경우가 많다. 특히 비트코인이 주도해서 내리는 경우가 대부분이다. 때문에 알트코인을 거래하더라도 비트코인 차트는 항상 주시해야 한다.

알트코인의 상장폐지, 해킹, 기술적 업그레이드 지연, 유명인의 암호화폐에 대한 부정적 발언, 국가의 암호화폐 규제는 악재가 될 수 있다. 이때에는 매도 타이밍을 보고 침착하게 매도해야 한다. 악재로 인해 매도 타이밍을 놓

친 급락일 경우 강한 반등이 오기 마련이다. 반등될 때 매도한다. 국내의 차트는 해외 차트를 뒤따른다. 그중에서도 기축통화인 비트코인은 해외 차트에서 많은 매도가 일어날 경우 국내 차트에서도 가격이 내릴 가능성이 높다. 이때에는 빠르게 손절·익절하자.

Charlie Lee ✔ @SatoshiLite · 9분 ⌄
The rumors are true according to my source, who doesn't want to be revealed. And I fully trust this to be true.

찰리 리의 트위터 2017년 9월. 중국 정부가 암호화폐를 금지한다는 루머가 사실이라는 트위터가 퍼진 직후 비트코인은 급락했다. 추후 이 루머는 사실로 밝혀졌다.

호재, 악재도 트렌드가 있다.

2017년의 가장 큰 호재 트렌드는 상반기 : 컨퍼런스, 하반기 : 하드포크였다. 하지만 하드포크가 무수히 난립하며 하드포크는 가격 상승에 영향을 점점 적게 주고 있다. 2018년의 가장 큰 호재 트렌드는 메인넷이다. 이오스, 트론부터 각종 신생 코인까지 메인넷을 진행하며 가격에 영향을 주고 있다. 또한 과거 거절당했던 ETF에 대한 승인기대로 2018년 7월에는 가격상승을 보여주었다.

악재는 2017년부터 공통적으로 규제가 많은 영향을 주고 있다. 2017년 9월 중국의 거래소 폐쇄 규제, 2018년 1월 한국의 가상화폐 거래소 폐쇄압박으로 인한 하락을 예로 들 수 있다. 또한 바이낸스 해킹,코인레일 해킹, 빗썸 해킹 등 해킹으로 인한 하락이슈도 빈번하게 일어났다. 해킹의 경우 단기 급락을 보여준 후 가격이 다시 정상화되는 패턴을 만들어 냈다. 이처럼 호재와 악재는 비슷한 일들이 자주 반복되며 차트에도 반복되며 가격이 반영되고 있다. 우리는 어떻게 해야할까? 역시 대응이 정답이다. 호재 악재를 확인하면 그 뉴스가 가격 반영이 단기적일지 장기적일지 판단하고, 가격 반영에 따른 차트상 과매수/과매도를 확인하며 대응준비를 한다. 그리고 해외 거래소 또는 가상화폐 커뮤니티에 확산되는지 확인하며 추가 하락/과열 여부를 확인하며 대응하는 것이 내 자산을 안전하게 지키는 길이다. 자주 반복되는 이슈들은 미리 기억했다가 안전하게 대응하는 것도 방법이다. 펀디엑스 코인의 매월 말 에어드랍이나 선물 만기일을 예로 들 수 있다. 대응을 얼마나 선제적으로 하느냐에 따라 작게는 1~3%에서 크게는 단기적으로 10%이상의 코인개수를 늘리거나 자산을 보호할 수 있다. 자주 못 볼 경우 스마트워치나 알람을 활용하자. 나는 차트를 자주 볼 수 없지만 대응을 누구보다 빠르게 한다. 빗썸은 2018년 6월 350억에 해당하는 암호화폐가 해킹당했다. 하지만 빠른 대처로 투자자들에게 오히려 긍정적인 모습을 보여주었다. 2021년에는 주식시장과 맞물려 국내 코인의 실제 사업 서비스공시가 호재로 인식되기도 했다.

세 번째 수요일, 마지막 토요일을 주의하자

2017년 12월, 미국 CME와 CBOE 선물거래소의 비트코인 선물상품 출시로 선물 마감일마다 비트코인의 가격흐름에 영향을 주었다. CBOE거래소는 매월 세 번째 수요일 오전 6시, CME거래소는 매월 마지막 토요일 오전 1시에 선물거래가 마감된다. 선물 마감일을 앞두고 가격변동이 있을 수 있으니 유의하며 투자하는 것이 좋다.

04

상승장, 하락장에서의 거래
고점에 물리는 당신을 위해

상승장
- 추격매수는 금지하고 상대적 저점에 있는 코인을 찾거나 여유롭게 직전 전고점을 지지선으로 매수를 걸어둔다
- 상승추세선을 그려서 추세를 유지하는지 확인한다
- 가격상승을 주도하는 거래소가 꺾일 경우 매도한다
- 상승장에서는 거래량이 동반될 경우 욕심을 내지 말고 지지선, 저항선 사이에 매매하여 개수를 늘린다.
- 상승장에서 호가창보다 본인의 코인 보유량이 많을 경우 호가창에 너무 벽이 되지 않을 만큼만 개수늘리기를 한다
- 개수를 늘리지 못했는데 상승했거나 급격하게 오르지 않았고 호재가 많이 남아 있다면 매수 후 더 큰 저항선에서 다시 시도한다
- 거래가 잘 안 되는 날은 개수늘리기를 포기하고 한 번에 목표가에만 매도한다

- 커뮤니티, 단톡방 등에서 일명 행복회로(ex: "○○코인 ○○까지 간다" "날아간다" 등)가 나올 경우 매도를 고려한다
- 프리미엄이 강하게 낀 상태에서는 상승폭이 해외보다 더 클 수 있다

상승장은 하락을 회복하는 상승장, 호재를 앞둔 코인의 상승장, 대세 상승장 등 세 가지로 나눌 수 있다. 하락을 회복하는 상승장은 하락을 시작하기 전 가격 이상으로 올라오면 확증할 수 있다. 호재를 앞둔 코인의 상승장은 조정이 올 때 상승하기 직전 가격 아래로 떨어지지 않고 횡보하거나 그 가격대에서 반등하는 것으로 확증할 수 있다. 대세 상승장은 특별한 호재가 없어도 코인들이 돌아가며 상승하는 것으로 확인할 수 있다.

상승장에서 진입했다면 매도 시기를 고려해야 한다. 하지만 현금 상태이거나 보유 코인이 상승하지 않는 상황이라면 섣부른 추격매수는 삼가야 한다. 매수를 하고 싶다면 가격조정이 오는 시기에 시도한다.

상승장에서는 상승추세선을 그려서 전반적인 상황을 파악한다. 상승추세선을 그리는 방법은 3장을 참고하자. 상승장에서는 어느 나라의 어느 거래소가 가격상승을 주도하는지 파악하면 좋다. 보통 가격상승을 주도하는 거래소에서 상승이 꺾일 경우 뒤따라 상승이 꺾이는 추종매매가 이루어진다.

상승추세가 강하고 1시간봉 기준 볼린저밴드 상단을 넘고 있으면 좋은 매도시기로 봐야 한다. 리플코인, 퀀텀코인은 가격 호가 단위가 작은 코인들로 단타가 많이 이루어지는 코인들이다. 이러한 코인들을 단기거래 할 경우 1분봉 과매수 상태에서 매도하고 바로 밑에서 매수하는 개수늘리기에 도전해볼 만하다. 단 개수늘리기가 익숙해지기 전까지는 매수 볼륨의 20% 내외만 늘리

기를 시도하는 것이 좋다. 매도했는데 가격이 더 올라버리면 오히려 개수가 줄기 때문이다. 만약 개수늘리기를 실패했는데 호재가 반영 중인 코인이고, 전고점까지 가격이 많이 남아 있다면 다시 매수를 하고 이후에 전고점 또는 저항선에서 개수늘리기를 재시도한다.

거래량이 많은 투자자는 거래소의 호가창에 맞는 매수량을 걸어두는 것이 좋다. 호가창에 걸린 금액보다 훨씬 많은 금액을 밑에 걸어버리면 본인이 밑에서 지지하고 투자자들이 위에 올라타서 매수 체결이 안 되고 떠나버리는 상황이 발생할 수 있다. 또 시장가로 매수하면 시세보다 손해를 볼 수밖에 없다. 때문에 거래량이 적은 주말에는 특히 거래량에 신경을 써야 한다. 이와 반대로 매도를 할 경우 호가창보다 거래량이 많은 유저는 분할매도를 하는 것이 좋다.

단타거래에 자신이 생긴 투자자도 거래가 잘 안 되는 날이 있다. 이때에는 손해를 메우기 위해 욕심을 내다가 거래를 그르치는 경우가 많다. 이를 방지하기 위해서는 목표가에 매도를 걸어서 단타거래를 쉬는 것이 좋다.

대세 상승장이지만 커뮤니티, 언론 등에 노출되며 과열될 경우 매도를 고려해야 한다. 상승장에서 국내프리미엄(김치프리미엄, 줄여서 '김프'라고도 한다)에 따라 재정거래(해외 코인과 국내 코인의 시세 차이를 노려 거래하는 방법)를 하는 것도 좋은 방법이다.

하락장은 상승추세에서 전환되는 조정 성격의 일시적인 하락장, 소재가 끝난 하락장, 모든 코인이 전반적으로 하락하는 대세 하락장 등 3가지로 나눌 수 있다. 조정 성격의 하락장은 기존 가격을 유지해주는 지지선에서 반등하

하락장

- 개수늘리기에 주력하거나 빠른 손절로 대처한다

  개수늘리기는 50, 500원 단위라면 2, 4, 6, 7, 8 숫자 위주로 반등 예상

  가격보다 약간 위에 걸어서 개수를 늘린다. ex: 11,520원, 325,600원 등

  끝자리가 5, 0인 숫자는 피해서 걸되, 잠자는 동안 개수늘리기를 하고

  싶다면 지지선을 뚫을 경우와 못 뚫을 경우를 대비해서 분할로 걸어놓는다
- 하락추세선의 기울기 변화 및 다이버전스에 주목한다
- 호재가 끝난 코인, 차트가 깨진 코인(추세선 이탈)은 쳐다보지 않는다
- 네이버에 비트코인, 이더리움 등이 실시간 검색어로 올라올 경우

  과감히 매도한다
- 시장이 위축되었을 때 매수한다. 특히 커뮤니티나 뉴스, 신문에서

  부정적인 소식이 있는 경우 좋은 매수 타이밍을 잡을 수 있다
- 손절 타이밍을 놓쳤다면 볼륨의 일부만 털고 개수늘리기를 시도한다
- 시가총액의 변화가 있거나(시가총액이 많이 빠지면 반등이 오래 걸림)

  비트코인 이벤트가 있을 경우 알트코인의 비중을 줄이고 현금 비중을

  높이는 것이 현명하다
- 비트코인이 주도하는 대하락장은 역프리미엄이 끼는 경우가 있는데,

  이때는 반등폭이 해외만큼 크지 않을 수도 있음을 유의한다

는 것으로 확인할 수 있다. 호재가 끝난 하락장은 해당 코인이 전고점을 넘지 못하며 가격이 내려가는 것으로 확인할 수 있다. 대세 하락장은 비트코인이 주로 주도하는데, 반등을 하지 못하며 계단식으로 하락하는 특징이 있다. 대세 하락장은 짧으면 1주일에서 그치지만, 길면 3주 이상 지속된다.

하락장을 대처하는 방법에는 지지선이 깨질 때마다 손절하고 아래가격에서 매수하여 개수늘리기를 반복했다가 반등이 올 때 매도하는 방법, 빠르게

손절하고 상승추세로 전환됐을 때 매수하는 방법이 있다. 해킹이나 기술적 결함으로 인한 악재는 단기간에 급락하는 경우가 많다. 이때 손절 타이밍을 놓치면 여유자금으로 물타기를 하거나 반등이 올 때까지 기다렸다가 매도하는 것이 좋다.

하락장에서의 매수 진입은 단기 반등을 위한 거래와 대세하락장의 추세전환에 의한 중기 거래로 나눌 수 있다. 단기 반등을 위한 거래는 매수시그널을 확인하고 하락이 시작하기 전 가격을 목표가격으로 짧게 거래한다. 하락추세전환의 확증을 위해서는 하락추세선 기울기의 변화를 확인하고, 다이버전스의 확인도 필요하다. 이때에는 분할매수를 통해 거래하는 것이 바람직하다.

장이 과열되면 단기에 여러 코인들이 동시에 하락하는 경우도 많은데, 이때 주로 뉴스, 커뮤니티 등에서 많이 언급된다. 하락장이 길어지면 커뮤니티나 뉴스에 부정적인 의견이 달리는데, 이때 매수시그널과 함께 확인되면 좋은 매수시기가 될 수 있다.

거래를 자주 못해서 손절 시기를 놓쳤다면 거래볼륨의 30~50%만 개수늘리기를 시도한다. 모든 코인으로 개수늘리기를 시도할 경우 매도시점을 잘못 잡으면 가격이 튀어올라 손해를 메우기 힘들어진다.

국가 규제나 비트코인의 하락 등으로 암호화폐의 시가총액이 줄어들었다면 현금 비중을 늘리는 것이 좋다. 일반적으로 코인의 한국프리미엄은 '기대심리'라고 볼 수 있다. 하락장에서 해외 코인들의 가격은 내리는데 국내 코인들은 프리미엄으로 가격방어를 하는 것은 이러한 기대심리가 작용하는 것이다. 하지만 2017년 7월, 프리미엄이 40%를 넘어갈 때 해외에서 재정거래로 인해 순식간에 역프리미엄이 붙으며 대하락이 벌어진 일이 있다. 이러한 재정

거래사건 이후 국내프리미엄은 10% 이하에서 유지되고 있다. 하락장에서 프리미엄으로 어느 정도 가격방어가 된다면 반등에 대한 기대심리를 엿볼 수 있지만, 프리미엄이 50%가 넘어간다면 재정거래를 주의해야 한다.

하락의 대부분은 비트코인이 주도하는 경우가 많다. 가격하락을 주도하는 선행거래소를 확인하자. 해외거래소에서 주도할 수도 있고 국내거래소가 주도할 수도 있다. 가격을 주도하는 거래소는 대체로 1~5초는 빠르게 전저점이 이탈되는 경향이 있다. 초단타 투자자는 따라서 추종매매가 가능해진다. 물론 선행거래소의 가격선행만 따라갈 경우 손해를 입을 수 있으니, 나만의 매수타이밍을 같이 활용하여 매매해야한다. 매매가 잘 안되는 경우 휴식을 취해도 좋다. 특히 계단식 하락장에서는 매매가 어려울 경우 장대양봉을 동반한 상승 후 횡보 시 진입을 준비한다. 해킹을 비롯한 단기악재 이슈가 나타날 경우 뉴스를 빨리 접한 경우 뉴스의 확산속도를 확인하며 대응을 빠르게 하고 다시 매수나 매도대기를 하는 것이 안전하다.

05

BTC마켓의 이해
수익내는데 꼭 필요한 BTC마켓을 보는 방법

수익내는데 필요한 BTC마켓 정보
- BTC마켓은 비트코인을 기축통화로 하는 시장이다
- BTC마켓의 지지선과 저항선을 확인하자
- 비트코인의 상승 후 하락 시 BTC마켓 알트코인을 확인하자
- 디커플링을 찾자
- 결국은 비트코인 개수늘리기다

BTC마켓은 비트코인을 기축통화로 알트코인을 매매할 수 있는 거래소의 시장이다. 과거에는 대부분 BTC마켓으로 알트코인의 거래가 이루어졌다. 이 때문에 비트코인의 가격변동에 따라서 알트코인은 하락을 피하기 위해 또는 상대적으로 비트코인으로 바꾸는 것이 이익이라서 알트코인을 매도하는 투

자자가 많았다. 비트코인에 강한 영향을 받았고 이 때 비트코인의 점유율(도미넌스)는 80%가 넘었다. 이러한 높은 비트코인의 점유율은 2017년 3월 10일 비트코인 ETF 거절 이후 암호화폐 시장의 자금은 이더리움으로 이동하며 이후 리플, 이더리움클래식 등 다른알트코인들이 상승했다. BTC마켓위주의 알트코인시장에서 2017년도부터 USDT(테더)로 알트코인을 거래할 수 있는 거래소가 급격하게 늘며 비트코인 영향력에 대한 가격 반영이 전보다는 약간 줄었지만 여전히 비트코인은 시장의 기축통화이다.

BTC마켓을 이해하면 생각보다 쉽게 매매를 할 수 있고 수익을 극대화 할 수 있다. 당신이 기억해야 하는 것은 BTC마켓도 지지선과 저항선이 존재한다는 점이다. 이 BTC마켓의 알트코인에 해당하는 지지선과 저항선은 달러가격 또는 한화가격의 알트코인 시장에서 같이 영향을 주고받는다. 또한 비트코인 주도 상승 시 알트코인의 개별호재가 없을 경우에는 대부분 가격이 내린다. 이 때 다시 비트코인의 가격조정이 올 때에는 BTC마켓의 알트코인이 반사이익으로 가격상승이 올 수 있다. 또한 상승/하락 시 원화,달러 마켓뿐 아니라 BTC마켓도 같이 가격이 오를 경우 조금 더 큰 상승/하락을 기대할 수 있다. BTC마켓의 상대적인 가격도 같이 움직이기 때문이다. 대부분 BTC마켓의 알트코인들은 같은 움직임을 보이는 경우가 많은데 종종 다른 가격흐름을 보이는 경우가 있다. 우리는 이 경우를 '비트코인과 디커플링 된다'라고 한다. 디커플링 되는 경우는 호재가 있어서 해당코인의 매집이 있거나, 악재가 생겨서 단독으로 하락하는 경우가 있다. 전자의 경우 비트코인캐시 하드포크('17.11) 때를 비롯하여 여러 코인들의 호재때마다 자주 나타나며, 후자는 아이오타의 전송문제('18.7)로 인해 단독으로 하락한 경우가 있다. 따라서 디커플링이 무조건 좋은 것은 아니다. 단타나 스윙 매매투자자들은 이러한 BTC 마켓의 특성을 활용하여 수익을 극대화 할 수 있다. 자금이 아예 은행으로 빠지는지, 비트코인으로 옮겨가는지 BTC마켓의 대형 알트코인들(ETH,BCH 등)을 확인하면 쉽게 확인 가능하다.

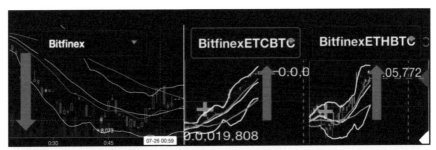

비트코인과 이더리움클래식, 이더리움이 같은시각 다른흐름을 보여주고 있다. BTC마켓에 익숙해지면 쉽게 암호화폐의 개수를 늘려갈 수 있다. BTC마켓에서 암호화폐를 개수를 늘리는 것은 곧 비트코인의 자산이 늘어나는 것을 의미한다. 그래서 투자금액이 수억대가 넘어가는 투자자들이나 초창기 투자자들은 BTC마켓에서 비트코인의 개수를 최대한 늘려나간다.

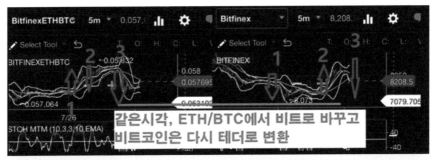

1,2,3은 동일시간대이다. 왼쪽의 이더리움이 상승과 동시에 비트코인 자금은 빠지고 있다. 2번에서 이더리움이 하락하며 비트코인은 다시 상승하고 있다. 이후 3번상황에서 비트코인과 이더리움이 같이 내리고 있다. 자금이 유출됨을 확인가능하다. 이후 가격하락이 왔다.

06

현금화 타이밍(관망)
가만히 있어도 돈 버는 경우

현금화가 필요한 경우

• 장이 불확실할 때

• 등락이 적은 박스권으로 수익이 날 확률이 적을 때

• 비트코인 관련 이벤트가 근접하고 알트코인을 보유하고 있을 때

• 거래창을 못 볼 때

• 호재를 앞두고 있으나, 전고점 2회 이상 돌파에 실패할 때

• 멘탈이 좋지 않을 때

• 하루 수익(거래) 목표치 도달 시

• 호재가 있는 코인이 여러 개인데 진입 시기를 놓쳤을 때

• 장이 과열될 때(상승장에서 50% 이상 프리미엄 발생 시)

• 해외 거래소(달러 취급)에서 거래하는 코인의 하락장이 예상될 때(테더화)

자신의 투자금액을 가만히 두면 불안해하는 투자자들이 많다. 하지만 때로는 현금으로 장의 흐름을 살펴보는 것으로 돈을 버는 경우도 있다. 먼저 장이 악재가 있거나 거래소 서버점검 등으로 매매 타이밍을 잡기가 불확실한 때에는 시장 흐름을 확인하기 전까지 현금화하거나 현금 비중을 높이는 것이 좋다. 등락폭도 적고 거래량도 적은 박스권 장에서는 수익을 내기도 힘들다. 선불리 매수나 공매도를 했다가 손해를 볼 수도 있다. 현금 상태로 관망하다가 가격이 위 혹은 아래로 움직이는 흐름을 확인하고 나서 거래하는 것이 좋다.

비트코인이 큰 호재를 앞두고 있을 때에는 알트코인을 현금화하는 것이 좋다. 해외 거래소에서 알트코인을 팔고 비트코인화하기 때문에 알트코인 가격이 상대적으로 하락할 수 있다.

확실한 대세 상승장이나 대세 하락장이 아닌데 거래창을 하루 이상 못 볼 경우 현금화하는 것이 좋다. 매수를 한 상태에서 오르면 좋겠지만, 떨어질 경우 대응할 수가 없기 때문이다.

호재를 앞둔 코인이 전고점을 2회 이상 넘지 못했다면 호재 반영이 끝났을 수도 있다는 것을 염두에 두어야 한다. 이때에는 익절을 했다가 거래량이 늘어나고 전고점을 돌파하면 다시 매수하여 다음 저항선 근방에서 매도하는 것을 목표로 거래하는 것이 안전하다.

투자자의 심리적·정신적 상태가 좋지 않으면 거래를 쉬는 것이 좋다. 거래가 잘 안 되는데도 '조금만 더 벌고 오늘은 거래를 쉬어야지' 하는 마음으로 거래에 임할 경우 객관적인 거래가 힘들어 손해가 누적될 수 있다는 것을 기억하자. 하루 목표를 도달했을 때는 거래를 쉬고 수익금을 인출하고 즐기는 것이 좋다. 정신적으로 충격을 받았을 때와 달리 많은 수익으로 흥분한 상태에서는 이성적인 거래를 할 수 없다.

특별한 호재 없이 코인이 전반적으로 오르는 대세 상승장에서 코인의 매수 시기를 놓쳤더라도 조정을 기다리며 관망하거나 상대적으로 덜 상승한 코인의 매수시그널을 포착하면 수익률을 극대화할 수 있다.

장이 과열되어 있으면 현금화를 고려해야 한다. 모든 코인이 번갈아가며 상승할 경우 조정이 오면 모두 가격이 떨어질 수 있다. 특히 프리미엄이 50% 이상 웃돌 경우 재정거래를 주의해야 한다.

해외거래소에서도 하락장이 예상되는 경우 현금화(테더화)가 필요하다. 테더(USDT)는 1달러의 가치가 유지되는 전자화폐로 우리나라에서 KRW로 암호화폐를 산다면 미국 거래소는 USDT로 암호화폐를 살 수 있다. 다른 해외 거래소에서도 이러한 각국의 테더화를 통해 현금화가 가능하다. 미국 거래소로 예를 들면 알트코인은(테더마켓이 없는 경우) 알트코인→비트코인→테더로 바꿔 현금화를 하고, 비트코인은 비트코인→테더로 바꿔 현금화를 한다. 이후 하락추세가 바뀔 경우 다시 테더로 암호화폐를 매수한다.

07

야외 거래
스마트폰 하나면 화장실 가서 돈 번다

- cryptowat.ch와 거래창 프로차트·Tradingview를 열어둠
- 프로차트·Tradingview로 중기추세를 보고, cryptowatch로 가격 확인
- 등락이 강한 경우 시장가 매매
- 자주 못 볼수록 5분봉, 15분봉, 1시간봉 순으로 차트 범위를 넓혀 거래
- 잘 못 보는 야외 거래거나 수면 매수·매도는 볼린저밴드의 상단, 하단
  밴드를 참조하여 매수·매도가를 지정

언제 어디서든 돈을 벌 수 있는 암호화폐의 장점을 활용하기 위해서는 먼저 자신의 스마트폰에 차트를 세팅해야 한다. 나는 총 4개의 창을 핸드폰에 열어놓고 번갈아가며 확인한 다음 거래를 한다.

① 코인마캣캡

② 코인원 프로차트·Tradingview

③ cryptowat.ch

④ 거래소 홈페이지

이렇게 4개의 창을 준비하고 거래한다. 코인마캣캡은 시가총액의 변화를 확인하며 전반적인 자금이 빠지고 들어오는 여부를 확인한다. 코인원 프로차트나 Tradingview의 경우 지표 설정을 해두면 창을 내렸다 닫아도 지표가 유지되는 장점이 있는데, 여러 보조지표를 활용할 수 있다. cryptowat.ch는 가격반영이 제일 빠르게 차트에 나타난다.

야외에서 거래할 때에는

① 코인마캣캡으로 시가총액의 변화를 확인하고,

② 코인원 프로차트(Tradingview)에서 보조지표를 확인하고 매매 준비를 하며,

③ cryptowat.ch에서 가격이 오르고 내리는 것을 확인하고,

④ 거래소에서 매매하는 순서로 거래한다.

거래에서 빠르게 등락폭이 왔다 갔다 할 때 지정가로 매매하면 체결이 안될 수 있다. 때문에 이때에는 시장가 매매를 한다. 차트를 계속 볼 수는 없으면 차트의 간격을 넓혀서 본다. 자주 못 보는 야외거래 혹은 수면 거래 시에는 볼린저밴드의 상단, 하단 밴드를 각각 매도가, 매수가로 정하고 거래하는 것이 도움이 된다.

08

실전 초단타 꿀팁
당신이 알고 싶던 모든 것

초탄타를 잘하기 위한 방법
- 초단타도 1분봉에서부터 1시간봉까지 확인이 필요하다
- 한국의 추종거래 특징을 활용
- 차트의 흐름은 프리미엄과 관계없이 비슷하게 흐른다
- 모든 차트를 훑어보자
- 서버다운 시 Cryptowat.ch를 통해 해외 시세를 눈여겨보자
- 매수세가 붙는 코인은 공매도 청산물량이 있음을 기억하자
- 월말, 주말의 법칙은 코인판에서도 어느 정도 유효하다
- 해외 시간을 참고하자
- 시가총액의 변화를 감지하자
- 시장상황을 감지하자
- 여러 가능성을 염두에 두자

초단타에 대한 오해는 3장에서 언급했다. 몇 분봉으로 차트를 보느냐에 따라 안 보이던 매수시그널이 보일 수 있다. 초단타 거래를 하더라도 시간 범위를 바꿔서 확인한 다음 거래하는 것이 바람직하다. 차트 범위를 짧게 볼 때만 시그널이 확인된다면 확증이 서지 않는다고 판단하고 매도·매수시점을 짧게 가져가는 것이 좋다. 그래야 거래 성공확률을 높일 수 있다.

해외 거래소 주도의 상승·하락이 확인되고 나면 국내 거래소도 추세추종하여 가격을 따라가는 경우가 많다. 이때에는 가격반영이 제일 빠른 cryptowat.ch에서 가격을 보는 것이 도움이 된다. 프리미엄 혹은 역프리미엄으로 가격에 차이가 있더라도 가격이 오르고 내리는 흐름은 해외와 국내는 비슷하게 흘러간다. 해외 거래소에서 간혹 에어드랍 이벤트를 진행하는 것을 제외하면 국내와 해외 거래소의 흐름은 비슷하다. 때문에 해외 거래소가 주도하는 장에서 해외 차트의 매수시그널을 포착하고 매수할 경우 보다 저점에서 매수할 수 있다.

시가총액이 유지된 상태에서 암호화폐 자금이 어디로 흐르는지 확인하는 것만으로도 수익을 낼 수 있다. 코인들이 돌아가면서 상승할 경우 급등한 코인의 가격이 떨어지면서 어디에서 오를지 염두에 두고 거래하는 것만으로도 보조지표 없이 수익을 낼 수 있다.

급등·급락할 때에는 거래소가 다운되는 경우가 있다. 거래소 다운이 길어지면 타 거래소 시세와 차이가 많이 나게 된다. 이때 cryptowat.ch를 통해서 타 거래소의 가격을 확인하자. 거래소 다운 전 가격보다 시세가 많이 올랐을 경우에는 시장가 매수를, 시세보다 거래소 가격이 많이 내렸을 경우에는 시장가 매도를 한다.

호재가 있으면 가격상승이 거래량과 동반되며 오를 때가 있는데, 이때 과매수가 나올 수 있다. 이것은 공매도가 청산되어 시장가로 내수되는 현상일 수 있다. 상승장에서 개수를 늘리기 위해서는 공매도 시 25% 이상 상승할 경우(증거금을 안 걸었다면) 강제청산되므로 해당 코인의 상승폭이 25% 이상일 경우 공매도 청산의 영향으로 가격이 더 오를 수 있다는 것을 기억하자.

월말 혹은 주말에는 투자자들도 대부분 거래를 쉬고, 현금화를 하기도 한다. 이때에는 거래량이 대체로 줄어들며 때로는 하락장을 연출하기도 한다. 암호화폐시장은 24시간 거래된다. 거래할 때 호재 시기, 주말, 월말 등을 해외와의 시차를 참고하여 거래하는 것이 도움이 된다.

시가총액의 변화를 확인하는 것은 코인판에서 중요하다. 시가총액이 유지되는 가운데, 비트코인의 호재로 비트코인의 지배력이 강해지면 투자자들은 알트코인을 비트코인화한다. 그 여파로 가격이 떨어진다. 시가총액이 커지는 상황에서 비트코인이 안정적으로 우상향 하면 알트코인도 같이 상승한다. 반대로 시가총액이 많이 내려가는 상황에서는 전반적인 하락장을 판단할 수 있다. 하루에 한 번이라도 시가총액의 변화를 확인하는 것이 좋다.

차트로 시장의 흐름을 읽는 줄 아는 것과는 별개로 시장의 상황에 대해서도 알고 있어야 한다. 특히 비트코인과 관련된 이슈는 뉴스 단톡방이나 암호화폐 사이트를 통해 파악하고 있어야 한다. 차트상으로 반등지점에서 시장 관련 이슈가 강해서 반등하지 못하고 떨어질 수 있다.

거래할 때는 여러 가능성을 염두에 두어야 한다. 앞서 1장에서 코인판은 크게 개발자, 채굴자, 투자자로 나눌 수 있다고 했다. 이슈가 발생할 때 여러 입장에서 생각해보고, 개미투자자가 아닌 세력(또는 기관투자자)의 경우 어떻게

포지션을 취할지, 어떻게 개미투자자들을 울리면서 가격을 움직일지 생각해
보는 것이 중요하다. 아무 생각 없이 거래하는 것과는 큰 차이가 있기 때문에
열린 사고로 여러 시나리오를 염두에 두고 거래하는 것이 투자 승률을 올리
는 데 도움이 될 것이다.

coinmarketcap의 시가총액차트. 시가총액이 바닥을 형성하고 기존 시가총액의 저항선들을 넘고 있다고
체크된 부분에서 시가총액이 더 이상 안 떨어지면 장의 추세전환을 예상할 수 있다.

09

투자 고려 요소
알면 반은 따라가는 요소

가상화폐를 투자하는데 있어 스스로의 주관은 당연히도 너무 중요하다. 하지만 내 지식과 의지를 벗어나는 일은 항상 발생한다. 외부 변수를 최대한 줄여야 나의 자산을 지킬 수 있는데 이러한 외부 변수에 대해 고려하면 하락에 대해 염두할 수 있고 중장기 투자를 하는데 있어 참고가 가능하다. 기본적인 시총, 시장뉴스, 보조지표, 거래량, 프리미엄은 앞 장에서 이미 설명하였다.

비트코인 선물 갭

비트코인 CME 선물 차트에서 봉 그래프 사이 비어있는 공간의 가격대를 말한다. 기존 선물 시장에서는 이 갭과 가격의 차이가 날 경우 비어있는 구간으로 가격이 움직이며 '갭을 채우러 간다'고 한다. 가상화폐 시장에서도 선물 갭이 종종 생기는데 이 갭이 현재 가격보다 아래에 있다면 하락 시에는 해당 갭 근처까지 가격이 내릴 수도 있고 반대로 가격이 이미 내린 상황에서 현재 가격보다 위에 갭이 존재한다면 상승 시 저항구간이나 또는 목표 가격으로 참고할 수 있다. 단기/중기 트레이딩에 참고할 만하다.

유명 투자사의 포트폴리오

유명 VC나 가상화폐 투자사의 포트폴리오에 맞춰 나의 자산 비중을 추종하는 것이다. 중장기적으로는 해시드, 디지털커런시그룹, 알라메다리서치 등의 포트폴리오를 참고하고 해당 VC의 보유 종목 중 아직 유명 거래소에 상장하지 않거나 로드맵 초기인 코인을 골라 투자하는 방법이 있다. 단기적으로는 그레이스케일, 마이크로스트레티지 등 가상화폐 포트폴리오를 자주 공시하는 투자사의 비율을 참고해 추종하는 방법이다. 기관의 포트폴리오는 중요한 참고요소긴 하지만 기관이라고 모두 투자에 성공하는 것은 아니다. 파종의 방법을 통해 큰 수익이 나는 일부 가상화폐가 나머지 코인의 손해를 상쇄하는 경우가 많다. 때문에 유명 투자사가 투자한다하여 무조건적인 맹신은 조심해야 한다.

코인 발행의 유행

중장기적으로 보유하는 것을 선호하는 투자자는 발행 방법의 유행을 참고하면 좋다. 초기 ICO 방식에서 IEO, IDO 등의 방법으로 유행이 바뀌어왔다. 2020년에는 IDO 방법을 통해 디파이가상화폐들이 주목을 받았었고 최근에는 NFT관련 가상화폐가 이슈를 끌고 있다. 트레이딩 쪽이 어렵다면 이러한 메타를 따라가는 것도 좋은 고려요소가 될 수 있다.

미 증시

주식시장과 가상화폐 시장은 밀접한 관계가 있다. 상황에 따라 커플링(가격이 같은 흐름으로 움직임) 되기도 하고 디커플링(가격이 서로 다른 흐름으로 움직임)되기도 한다. 증시는 국내증시보다는 미 증시의 영향을 받는 경우가 있다. 특히 방향성이 정해지지 않았을 때나 미 증시가 내릴 때 가상화폐 시장이 후행하여 커플링되기도 하니 미 증시 흐름도 고려하면 좋다.

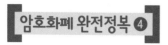

실전예제 1, 2, 3

실전예제 1

Q. 리플코인의 상승추세선, 하락추세선, 지지선 2개, 저항선 3개(매수시점
저항선 포함)를 자를 이용하여 그려보고, 현금 포지션일 경우 매수 시점을 차
트 위에 그려보자.

코빗 리플코인 1시간봉 차트

지지선, 저항선, 추세선 결과

　　지지선, 저항선은 가격이 천장, 바닥을 형성한 지점과 가격이 많이 횡보하며 거쳐간 지점에 그려준다. 지지선, 저항선 2개를 현재 가격에서 가장 가까운 지점으로 정했다. 상승추세선은 바닥과 바닥을 이어주면 되는데 눈에 띄게 바닥을 형성한 두 가격대가 보이므로 이 두 지점을 연결했다. 하락추세선은 천장과 천장을 이어서 완성했다. 지지선, 저항선, 추세선은 큰 추세에 변화를 일으키는 약간의 기울기만 잡아도 파악할 수 있다. 매수시점은 빨간색 저항선을 위로 상향돌파 시 매수하는 것이 정석이다. 이 경우 목표가격은 저항선1, 저항선2가 된다. 반대로 투자자가 손절을 해야 한다면 상승추세선을 하향 돌파 시 타이밍을 잡는 것이 정석이다. 지지선1에서 단기반등을 기대하여 매수하려는 저항선(빨간선)에서 매도를 노릴 수 있다.

실전 예제 2

Q. 이더리움의 차트는 다음과 같다. 현재 시점의 이더리움을 매수해야 할까 아니면 조금 더 보유한 채 기다려야 할까?(전제조건: 비트코인에 의한 차트의 영향 없고, 현재 다른 알트코인 중 상승하는 코인이 없는 상태)

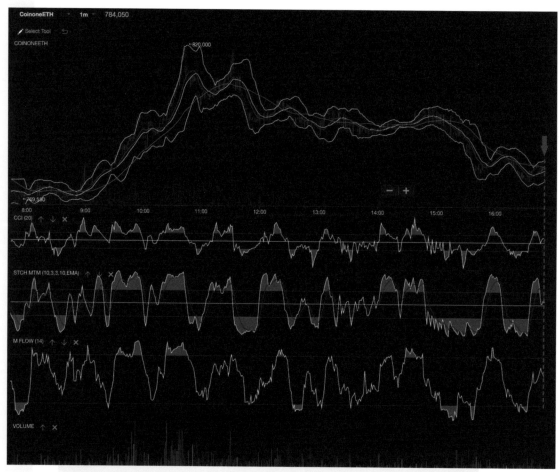

코인원 이더리움 1분봉 차트

① 매수 타이밍이다(반등할 가능성이 더 높다).　　② 하락 여지가 더 많다.

해설

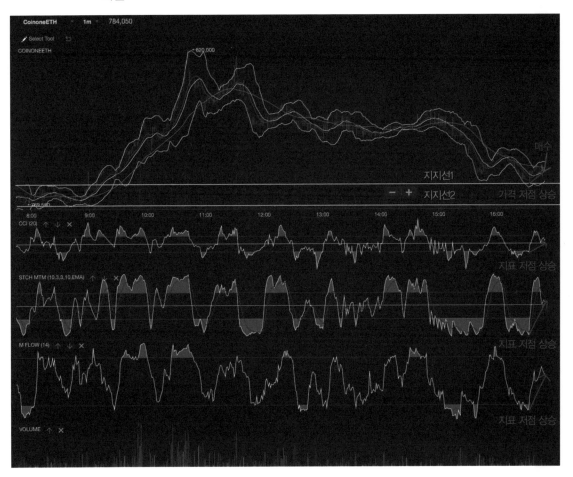

먼저 가격이 내리는 시점이므로 지지선이 뚫릴 경우 다음 지지선이 어디인지 확인한다.

현재 상황을 보자. 직전 전저점에서 반등이 이루어지고 있다. 그리고 3지표 모두 W형으로 저점이 상승하는 과장강세 다이버전스를 보이고 있다. 여기서 매수하는 시점은 지표들이 두 번째 바닥을 찍고 오르는 시점에서 매수한다.

결과를 알아보자.

결과

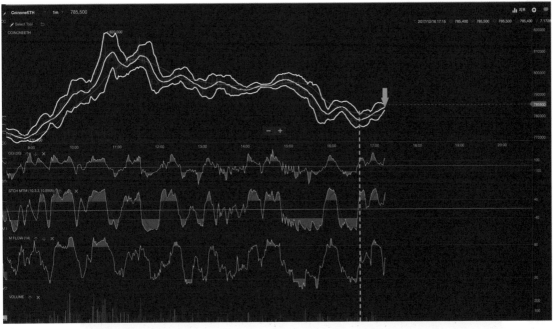

상승을 보여준다.

실전예제 3

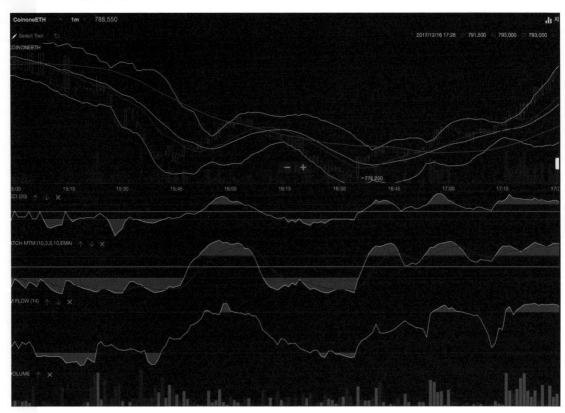

Q. 위의 차트에서 매수를 했다고 가정하면 아래 차트에서 매도하는 것이 좋을까, 매수한 코인을 홀딩하는 것이 좋을까?

(전제조건: 비트코인에 의한 차트의 영향 없고, 현재 다른 알트코인 중 상승하는 코인이 없는 상태)

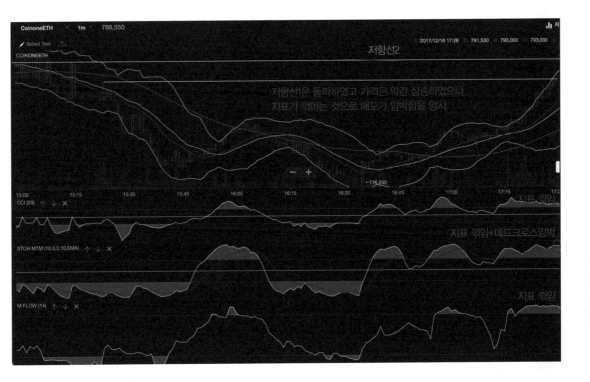

해설

매수한 포지션에서는 가장 먼저 저항선을 확인하고 그려준다. 15:00~15:15 시간대의 차트에서는 1분봉 막대가 길게 나타나 있다는 것은 1분 사이에 가격 변화가 큰 것을 나타낸다. 하지만 거래량이 많아서 가격 변화가 큰 것이 아니라 거래량이 적어서(15:00~15:15 거래량 부분, 즉 빨간 네모) 호가창이 비어 있음을 유추할 수 있다.

저항선은 거래량이 적기 때문에 확증을 하기 힘들고 목표가격대를 참고하는 정도로만 판단한다('거래량∝확증' 공식을 다시 기억하자). 지표를 확인하면 먼저 CCI와 MFI(M FLOW) 지표는 꺾이고, STCH MTM 역시 데드크로스를 나타낸다. 저항선 1은 살짝 돌파했지만 이 저항선은 호가가 얇아 생긴 저항선으로 앞의 실전예제 1에서와 같은 강한 확증을 할 수 있는 저항선이 아니다.

따라서 종합적으로 판단할 때 지표가 하락을 나타내므로 매도하는 것이 정석이다. 다만 상승세를 생각해 상승추세선을 그려두고 일부 매도한 뒤, 상승추세선 하향 이탈 시 전액 매도하는 방법도 고려해볼 수 있다. 또한 추가적으로 차트 상에서 양봉 이후 'ㅗ' 형태의 도지가 등장한다. 도지는 3장에서 언급했듯이 추세전환을 의미한다. 아래에 결과를 확인해보자.

결과

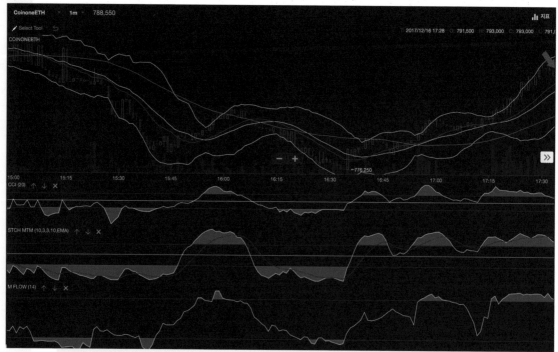

결과는 조정을 보여준다.

부록

투자일지

- 잘한 점·잘못한 점, 수익·손실에 대해 간단히 기록
- 당시 그렇게 한 이유를 적는다
- 한 달 후 목표치를 작성하고 나중에 비교

틀린 수학문제는 시간이 지나면 또 틀리는 경우가 많다. 투자도 마찬가지다. 개개인의 투자 실수는 다른데, 실수는 반복된다. 이를 조금이라도 개선하기 위해서는 투자했을 때 잘했던 것과 실수한 것을 기록한다. 어쩌면 귀찮을 수도 있지만, 실수를 줄이는 데 분명 도움이 된다. 반복되는 실수를 줄이고, 좋은 매도나 매수의 기억을 살려 다음 거래에도 활용할 수 있도록 준비하자. 투자일지양식은 '당가올 블로그'에서 다운 가능하다.

거래일	내용과 이유		비고
	잘한 점	아쉬운 점	

📖 북오션 부동산 재테크 도서 목록 📖

부동산/재테크/창업

장인석 지음 | 17,500원
348쪽 | 152×224mm

롱텀 부동산 투자 58가지

이 책은 현재의 내 자금 규모로, 어떤 위치의 부동산을 언제 살 것인가에 대한 탁월한 분석을 펼쳐 보여 준다. 월세탈출, 전세탈출, 무주택자탈출을 꿈꾸는, 건물주가 되고 싶고, 꼬박꼬박 월세 받으며 여유로운 노후를 보내고 싶은 사람들을 위한 확실한 부동산 투자 지침서가 되기에 충분하다. 이 책은 실질금리 마이너스 시대를 사는 부동산 실수요자, 투자자 모두에게 현실적인 투자 원칙을 수립할 수 있도록 해줄 뿐 아니라 실제 구매와 투자에 있어서도 참고할 정보가 많다.

나창근 지음 | 15,000원
302쪽 | 152×224mm

나의 꿈, 꼬마빌딩 건물주 되기

'조물주 위에 건물주'라는 유행어가 있듯이 건물주는 누구나 한 번은 품어보는 달콤한 꿈이다. 자금이 없으면 건물주는 영원한 꿈일까? 저자는 현재와 미래의 부동산 흐름을 읽을 줄 아는 안목과 자기 자금력에 맞춤 전략, 꼬마빌딩을 관리할 줄 아는 노하우만 있으면 부족한 자금을 충분히 상쇄할 수 있다고 주장한다. 또한 액수별 투자전략과 빌딩 관리 노하우 그리고 건물주가 알아야 할 부동산지식을 알기 쉽게 설명한다.

박갑현 지음 | 14,500원
264쪽 | 152×224mm

월급쟁이들은 경매가 답이다
1,000만 원으로 시작해서 연금처럼 월급받는 투자 노하우

경매에 처음 도전하는 직장인의 눈높이에서 부동산 경매의 모든 것을 알기 쉽게 풀어낸다. 일상생활에서 부동산에 대한 감각을 기를 수 있는 방법에서부터 경매용어와 절차를 이해하기 쉽게 설명하며 각 과정에서 꼭 알아야 할 중요사항들을 살펴본다. 경매 종목 또한 주택, 업무용 부동산, 상가로 분류하여 각 종목별 장단점, '주택임대차보호법' 등 경매와 관련되어 파악하고 있어야 할 사항들도 꼼꼼하게 짚어준다.

초저금리 시대에도 꼬박꼬박 월세 나오는
수익형 부동산

나창근 지음 | 17,000원
332쪽 | 152×224mm

현재 (주)기림이엔씨 부설 리치부동산연구소 대표이사로 재직하고 있으며 [부동산TV], [MBN], [한국경제TV], [KBS] 등 방송에서 알기 쉬운 눈높이 설명으로 호평을 받은 저자는 부동산 트렌드의 변화와 흐름을 짚어주며 수익형 부동산의 종류별 특성과 투자노하우를 소개한다. 여유자금이 부족한 투자자도 전략적으로 투자할 수 있는 혜안을 얻을 수 있을 것이다.

주식/금융투자

북오션의 주식/금융 투자부문의 도서에서 독자들은 주식투자 입문부터 실전 전문투자, 암호화폐 등 최신의 투자흐름까지 폭넓게 선택할 수 있습니다.

주식투자
기본도 모르고 할 뻔했다

박병창 지음 | 19,000원
360쪽 | 172×235mm

코로나 19로 경기가 위축되는데도 불구하고 저금리 기조가 계속되자 시중에 풀린 돈이 주식시장으로 몰리고 있다. 때 아닌 활황을 맞은 주식시장에 너나없이 뛰어들고 있는데, 과연 이들은 기본은 알고 있는 것일까? '삼프로TV', '쏠쏠TV'의 박병창 트레이더는 '기본 원칙' 없이 시작하는 주식 투자는 결국 손실로 이어짐을 잘 알고 있기에 이 책을 써야만 했다.

하루 만에 수익 내는
데이트레이딩 3대 타법

유지윤 지음 | 25,000원
312쪽 | 172×235mm

주식 투자를 한다고 하면 다들 장기 투자나 가치 투자를 말하지만, 장기 투자와 다르게 단기 투자, 그중 데이트레이딩은 개인도 충분히 가능하다. 물론 쉽지는 않다. 꾸준한 노력과 연습이 있어야 한다. 하지만 가능하다는 것이 중요하고, 매일 수익을 낼 수 있다는 것이 중요하다. 그 방법을 이 책이 알려준다.

최기운 지음 | 18,000원
424쪽 | 172×245mm

10만원으로 시작하는
주식투자

4차산업혁명 시대를 선도하는 기업의 주식은 어떤 것들이 있을까? 이제 이 책을 통해 초보투자자들은 기본적이고 다양한 기술적 분석을 익히고 그것을 바탕으로 향후 성장 유망한 기업에 투자할 수 있는 밝은 눈을 가진 성공한 가치투자자가 될 수 있다. 조금 더 지름길로 가고 싶다면 저자가 친절하게 가이드 해준 몇몇 기업을 눈여겨보아도 좋다.

박병창 지음 | 18,000원
288쪽 | 172×235mm

현명한 당신의
주식투자 교과서

경력 23년차 트레이더이자 한때 스패큐라는 아이디로 주식투자 교육 전문가로 불리기도 한 저자는 "기본만으로 성공할 수 없지만, 기본 없이는 절대 성공할 수 없다"고 하며, 우리가 모르는 '기본'을 설명한다. 아마도 이 책을 보고 나면 '내가 이것도 몰랐다니' 하는 감탄사가 입에서 나올지도 모른다. 저자가 말해주는 세 가지 기본만 알면 어떤 상황에서도 주식투자를 할 수 있다.

최기운 지음 | 18,000원
300쪽 | 172×235mm

동학 개미
주식 열공

〈순매매 교차 투자법〉은 단순하다. 주가에 가장 큰 영향을 미치는 사람의 심리가 차트에 드러난 것을 보고 매매하기 때문이다. 머뭇거리는 개인 투자자와 냉철한 외국인 투자자의 순매매 동향이 교차하는 곳을 매매 시점으로 보고 판단하면 매우 높은 확률로 이익을 실현할 수 있다.

곽호열 지음 | 19,000원
244쪽 | 188×254mm

초보자를 실전 고수로 만드는
주가차트 완전정복

이 책은 주식 전문 블로그 〈달공이의 주식투자 노하우〉의 운영자 곽호열이 예리한 분석력과 세심한 코치로 입문하는 사람은 물론 중급자들이 놓치기 쉬운 기술적 분석을 다양하게 선보인다. 상승이 예상되는 관심 종목 분석과 차트를 통한 매수·매도 타이밍 포착, 수익과 손실에 따른 리스크 관리 및 대응방법 등 주식시장에서 이기는 노하우와 차트기술에 대해 안내한다.

유지윤 지음 | 18,000원
264쪽 | 172×235mm

누구나 주식투자로
3개월에 1000만원 벌 수 있다

주식시장에서 은근슬쩍 돈을 버는 사람들이 있다. '3개월에 1000만 원' 정도를 목표로 정하고, 자신만의 투자법을 착실히 지키는 사람들이다. 3개월에 1000만 원이면 웬만한 사람들 월급이다. 대박을 노리지 않고, 딱 3개월에 1000만 원만 목표로 삼고, 그것에 맞는 투자 원칙만 지키면 가능하다. 이렇게 1000만 원을 벌고 나서 다음 단계로 점프해도 늦지 않는다.

근투생 김민후(김달호) 지음
16,000원 | 224쪽
172×235mm

삼성전자 주식을 알면
주식 투자의 길이 보인다

인기 유튜브 '근투생'의 주린이를 위한 투자 노하우. 국내 최초로 삼성전자 주식을 입체분석한 책이다. 삼성전자 주식은 이른바 '국민주식'이 되었다. 매년 꾸준히 놀라운 이익을 내고 있으며, 변화가 적고 꾸준히 상승할 것이라는 예상이 있기에, 이 책에서는 삼성전자 주식을 모델로 초보 투자자가 알아야 할 거의 모든 것을 설명한다.

금융의정석 지음 | 16,000원
232쪽 | 152×224mm

슬기로운 금융생활

직장인이 부자가 될 방법은 월급을 가지고 효율적으로 소비하고, 알뜰히 저축해서, 가성비 높은 투자를 하는 것뿐이다. 그 기반이 되는 것이 금융 지식이다. 금융 지식을 전달함으로써 개설 8개월 만에 10만 구독자를 달성하고 지금도 아낌없이 자신의 노하우를 나누어주고 있는 크리에이터 '금융의정석'이 영상으로는 자세히 전달할 수 없었던 이야기들을 이 책에 담았다.

우영제 · 이상규 지음
23,500원 | 444쪽
152×224mm

자금조달계획서
완전정복

6·17 대책 이후 서울에서 주택을 구입하려는 사람이라면 (거의) 누구나 자금조달계획서를 작성해야 한다. 즉, 이 주택을 사는 돈이 어디서 났느냐를 입증해야 한다. 어떻게 생각하면 간단하고, 어떻게 생각하면 복잡한 문제다. 이 책은 이제 필수 문건이 된 자금조달계획서를 어떻게 작성해야 하는지, 증여나 상속 문제는 어떻게 해결해야 하는지를 시원하게 밝혀주는 가이드다.